Meida Tamako

芽衣田珠子

イースト・プレス

こんにちは　在米15年目
食べるのが大好きな
芽衣田珠子と申します！
♪大体いつも何か食ってる
Beautiful Eating
お仕事は普通の会社員＋
フリーのイラストレーター＋
たまに漫画家という
実に3足のわらじ状態です
以前イースト・プレス様から
私のアメリカの
高校生活体験漫画を
刊行していただいたのですが…
ここがヘンだよアメリカ人
2014年刊
今回私が
描きたいもの
それは…

アメリカの食
中二の終わり頃
父親の転勤でカリフォルニアに
移ると決まった時
アメリカ
行くで
父
えっ
マジで!?
ポテイト
えー
アメリカかぁ
どうしよう…
よくごはんがジャンクで
身体に悪いしまずいって
聞くんだけどなぁ…
アメリカの
ひどい食事!
American
Beauty

で、実際に来てみると
HOLLYWOOD
I LA
アッハッハッ
カリフォルニアベアー
…すごい
予想を裏切らないまずさだ…！
テリヤキ・チキンボウル
余談
ちなみに私の住んでいるところは日系人がとても多く日系スーパーがたくさんあるので日本食が恋しくはなりませんでした
「アメリカごはんはまずい」この認識はのちに誤解だということがわかりました
…ん？このパンなんかすごいうまい
これはハズレ。
これはうまし！
ハラペーニョ入りスコーン！
結論
日本ほど食のクオリティが「安定」しているわけではないがうまい店は本当にうまい！

つーか ここは移民の国
なんだから
本場から来た各国の
料理人たちのごはんが
食べられるアメリカって
実は世界有数の
美食大国なんじゃ!?
美食
どっぱーん
現にラスベガスは今や
美食のメッカに
なってると聞くし
WELCOME
To Fabulous
LAS VEGA
NEVADA
そして私はどちらかというと
キラキラしたお高いレストランよりも
地元の人気店など
アメリカらしい、手軽に食べられる
おいしいものを紹介したいので
私が知ってる「おいしいアメリカ」を
お届けしたいと思います
日系アメリカ人の
アイスクリーム屋
これ
食ってけ!
アンタ
また来たの!
808
心優しい青果店の
オヤジ
などなど
さあ皆さん
ナイフとフォークの
準備はオーケー?
では
行きまっス!

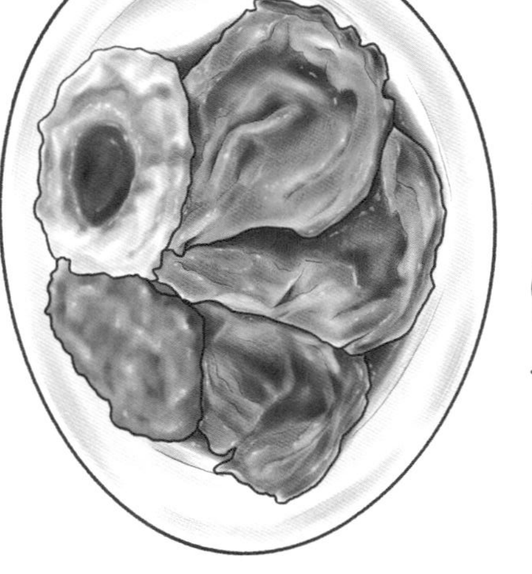

おいしいアメリカ○もくじ

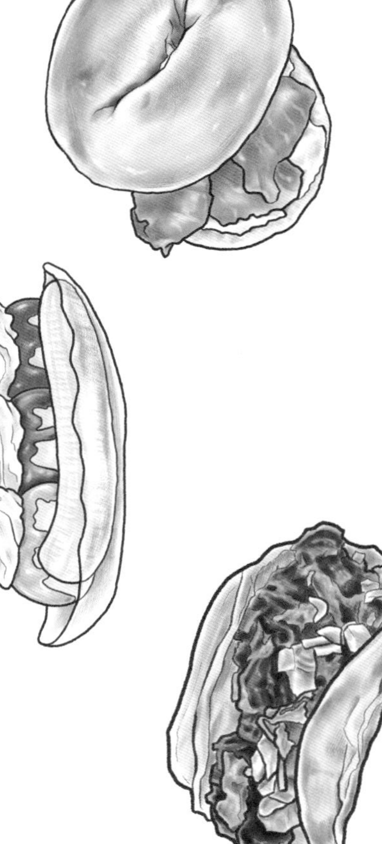

LAから車で約2時間の距離にあるSan Diego（サンディエゴ）という綺麗な海沿いの街に行ってきたよ！
シーワールドっていうテーマパークとか動物園で有名なのさ。

海が近いから海鮮料理系のお店が多くて、私が食べたのはこちら、Lpbster roll（ロブスターの身を挟んだパン）とClam chowder（クラムチャウダー）。

プリップリのロブスターがバターの効いてるパンと最高のハーモニーを奏で、クラムチャウダーは濃厚で、アサリとじゃがいもが入っていて絶品なんだなあ！

本作品の情報は、2018～2023年12月時点（取材時）のものです。
情報が変更している場合がございますのでご了承ください。

Episode.1 Habit Burger（ハビット バーガー）

丸まってるからかな?

あー、そういえば私
昨日ウンヶ月ぶりに
体重量ったな…
数字が確か…
…イヤァ
まあまあ
ブオ〜
the Habit Burger Grill
というわけで
今回やって参りましたのは
全米チェーン店の
ハビットバーガー！
うちの最寄りのハビットは
他の飲食店も集中してる
モール内にあります
こんな感じ
イタリアン
ファミレス
ハビット
バーガー
アイス
クリーム
チャイニーズ
メキシカン
ランチ時間は
激戦だろうな

※セットのこと
うーんいつもはダブルバーガーの※コンボなんだけど…
HAB
Charbur
コレ
100% Fresh
Caramelized onions, mayo, le
#1 original charburger
#2 Double charburger
カロリー
カロリー
カロリー
カロリー
カロリー
カロリー
カロリー
・・・・
1番（オリジナルバーガー）のコンボください……
Habit
別料金
チーズもつけてチーズバーガーにされますか？
ハイッ！
カロリーはどうした？
チーズ大好き
あなたの注文ナンバーは47よー
順番になったら振動して知らせてくれる機械
Habit
47
オーケー
個人的に挙げたいハビットの素晴らしいところそれは…、
炭酸以外のソフトドリンクの種類が豊富なところさ！
TROPICAL TEA
GREEN TEA
BLACK TEA

特にレモネードとネクタールが
おいしくて、炭酸が苦手な
私にとってはとても嬉しい
ドリンクなのだ

STRAWBERRY LEMONADE

…お

それとなぜか
常にあるペッパー※スタンド！

PEPPERONCINIS

LEMONS/LIMES

※青い唐辛子のピクルスのこと。

うちの姉と来る時は
毎回姉がひくほどペッパーを
食べるのでなんとなく
見守っていたが…

もっもっもっもっもっも

お前それ
ポップコーンちゃうぞ!?

まぁ
ものは試しで
食べてみよう！

ヴヴヴ…

キターー!!

ちょっと奥さん見てくださいよこの肉の熱気によってダラーッと溶けてるチーズ!!
ココ!
もう芸術としか言いようがない!
ばくぃ。
うまひ…
思わずのけぞるほどうまい
パティ(肉)にチーズが合わさることによって絶妙な塩味を生み出している…トマトとレタスで肉の油っこさを相殺しているのもいい!
こんな感じ
ワーイワーイ
あとこのパティのまるでハンバーグが入ってるかのような重量感はホント、アメリカのハンバーガーならではだと思う!
どでん
ぺら〜ん
〈アメリカ〉
〈他国〉
お次はさっきのペッパーと一緒に食べてみよう!
とりあえずハラペーニョから
輪切り
辛っ
まるで花火のように辛さが弾けては消え弾けては消え…

★2020年時の値段です。

CAにおける人種の統計
(2017年基準)
メキシコ系は
ここに入る
ヒスパニック
(39.15%)
白人
(37.20%)
アジア人
(14.37%)
黒人
(5.47%)
その他
地理上すぐ真下にあるからか
ここカリフォルニアには
メキシコ系移民の数が
ものすごく多い
てか今調べて気づいたけど
すでに白人より割合が高いのか！
そして他国からの
移民というのは
異なる文化を歓迎する
ことであり
スーパーに普通に
売ってる
メキシコ文化の
パーティーグッズ
(子供用)
Piñata (ピニャータ)
カワイー
紙でできたくす玉。
中にアメとかを入れて
割る
また
この国にもう一つの
素晴らしい食文化が
誕生するということでして！
さぁ
おあがり…
まっ！
しと

今回ご紹介するのは全米チェーン店のメキシカンファーストフード店Chipotle

チポレ、チポトレ、チポーレとも読む

名前の由来は燻製にした唐辛子

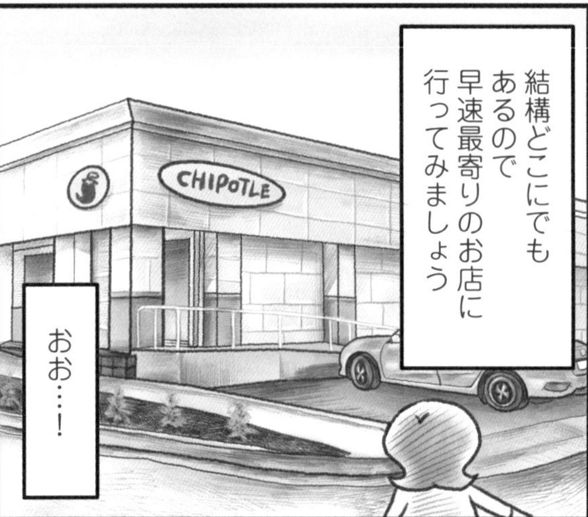

お店の半径30メートルからもうお肉の良い匂いがする…！

ミート
フラフラ〜

さてメキシコ料理といえばタコスを思い浮かべる方も多いと思いますが

ちなみにこれはアメリカ流

本場のメキシコ流はこう

チポーレではタコスに入ってるような様々な具材を

基本メニュー一覧（中に入っているのは全て同じ）

② Bowl（丼）

ここからライスを抜いたら

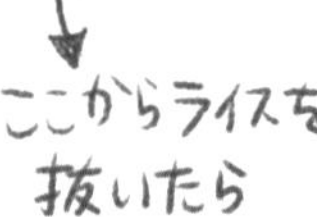

④ Salad（サラダ）

① Burrito（ブリトー）

③ Tacos（タコス）

の、どれかのスタイルにするかを選び、包んでもらう（ボウルの場合は乗せる）のが基本メニューになります

具材はこちら

詳しいオーダーの仕方は次ページ！

最早店員とも顔見知り
Hey!
ハーイ！
今月3回目
やあジェシカ
また来ちゃったよ
今日も
いつもの
「ボウル」？
うん
お願いー
ちなみに
ここでのオーダーの
仕方とは！
1、どのスタイルにするのか決める
Burrito, Bowl, Tacos, Saladの内
ボウルで！
Ok!
2、乗っけるごはん、豆、タンパク質の種類を選ぶ
ライスは
白いので一
豆は茶色ので
タンパク質は
ポークね！
あとトルティーヤも
別にください！
3、サルサ（ソース）、チーズ、レタスを選んで会計
ソースは
全種類
入れて
ください！
ソースは3種
Carnitas (ポーク) Bowl &
Guacamole (アボカドディップ) &
tortilla on the side
そうして
出来上がったのが！
いやーはじめはこのオーダーの仕方が
わからなくて店員さんを
イライラさせてたなー
大学の近くにあったのに
ビビって全然行けなかった
HAHAHA

うーん…
マンガの資料のための写真撮影中
パシャ
パシャ
ちょっと盛り過ぎちゃったかな…？
どっさり
オーダーの際欲張りすぎると誇張ではなく高さ（厚み？）約15センチ、重さ約0.8キロのとんでもないモンスターが出来上がってしまうのだ
ケケケケケ
12〜15cm
だがまことに幸せなモンスターでもある
うまああーーい！
一口食べるごとに肉、野菜、チーズ、ソースと違った味が楽しめて
チーズ
ポーク
野菜
ソース
ライス
これはさながら美食の発掘作業!!（意味不明）
掘りまっせー
レタス
チーズ
肉
ライス・野菜
まあでもそのうち混ぜ混ぜしちゃうんだけどね
まるでビビンパのように
地層崩壊

※アボカドのペースト

この食材を混ぜて
混然一体となったものを
温めたトルティーヤに乗っけて
さらにガッカモーレ※と食べれば
おいしさもまたひとしお!
あー、でもちょっと流石に
完食できないかもしれん
ごめん
持ち帰り用の
紙袋を
くださいー
余談だが
チポーレのパッケージって
線のみの一見落書きみたいな
デザインで
すごく洒落ている
紙袋の
デザインが
よく変わる
THANKS, chipotle
Black or Pinto?
HUGS
I'm GLAD YOU
前来た時と
デザインがまた変わったなー
でも今回のイラスト
絵柄に見覚えがあるような…
ん?
大学時代の先輩!?
拡大
ⓒホセ・ガルシア
実話です。
ちなみに
持ち帰り用の紙袋を
貰ったものの
なんだかんだで
全部完食しました
もうイヤン

次の日
同僚にチポーレに行った
話をしたところ
おいしかったナー
私はステーキ
…ねえ
タマコ
チポーレが本場の
メキシコ料理だとは
思わないほうがいいよ
あれはどっちかというと
Tex -Mex文化のほうだから
Tex -Mex って？
Tex -Mex ってのは
テキサス州に移住した
メキシコ系移民が広めた
あくまでメキシコ「風」
アメリカン料理なのよ
Texas州
Mexico
それが今度はカリフォルニアに来たのかー
へー
だから
ガシッ
んおっ!?
いいわね？　絶対に
チポーレが本当の
メキシコ料理だとは
決して思わないでね
おぅおぅ…
どうやらメキシコ人にとって
チポーレが世間にメキシコ
料理として認識されてるのは
相当な不服らしい…
今回の
お会計は
ボウル：＄7.75
ガッカモーレ：
＄2.10
Tax：$0.94
合計：＄10.79
Tex -Mex料理の
素晴らしさ☆☆☆☆☆

Episode.3 LBX(エルビーエックス) Food(フード) Court(コート)

※LAX：ロサンゼルス国際空港のこと

さて、ここが噂の
チーズバーガー春巻きが
食べられる
「The Kroft（ザ・クロフト）」！
THE KROFT
KROFT
でっかいブタの絵
この店のメインは実は「プーティン」なんだよ
…っえ!?
メニュー
イメージ図
プリンをごはんに…!?
元々はカナダのケベック州発祥でポテフラに凝固したチーズとグレイビーソースがかかってるジャンクフードなのさ！
スペルが違うわ！
友
MENU
プーティン ビーフ入り
おっ、肉入りのがある！
あれにしよー
プーティンにはシークレット・ソースがオススメですよ！
じゃあそれで！

プーティン
量多すぎ！
こんもり
1番上の玉ねぎが
胡椒が効いてて
ピリ甘～
ホクホクポテトに
グレイビーソースって
相性最高だよね！
ちなみにグレイビーソースは
アメリカン肉料理によくある
肉汁を小麦粉などで煮詰めて
ソース化させたもの
マッシュポテトに
よくかかってる。
トッピングのビーフが
蒸し煮にした淡白なお味なので
グレイビーソースの濃い～
肉汁とよくマッチしてる
グレイビー
底まで
タップタプだわ！
さーて
シークレット・ソースは
どんな味かな～っと！
甘くて酸っぱいながらも
クリーミーさが加わった
このお味は……、
…サウザンアイランド
ドレッシング？
（個人の見解です）

お次は
気になって仕方がない
こちら！
チーズバーガー
春巻き
皮が薄くて
パリパリ〜
あちっ
あちっ
…チーズバーガーだ！
暗示に
かかりやすい奴
濃く味付けしたひき肉に
みじん切りのチーズと
玉ねぎ、ピクルスなどが
一緒に入ってて
パン以外の
チーズバーガー
要素が全て
この中に！
「チーズバーガーとは何か」と
哲学的な問いを己に投げかける
一品です
おいしかったね〜
次どこに
しようかね〜
うおっ なんだ
あの行列!?
ずらしっ

行列の長いお店＝おいしいという自分ルールに従い並んでみる
フライドチキンのお店なんだ！
南部テネシー州ナッシュビル式の辛〜いフライドチキンがここの売りらしい
辛〜い粉をチキンにまぶしてる兄ちゃん
郷土料理のようなものかな
チキンの辛さが5段階選べるのだが
1番上の辛さの説明文すごいな！
意訳：魂とられるよ
Reaper HOT!
Vel 4 HOT
Level 5 Fire
ここのチキンにつけるカムバックソースってのがおいしいんだって！
へ〜
へぇ〜（便乗）
こんなアメリカっぽい食べ物の絵面初めて見る！
15年住んでて1番アメリカを感じました
フライドチキンテンダー(中辛)
Withコールスローサラダ

チキンの自己主張強すぎ。

私の舌がバカなんだろうか…

たまにはさあ、
オシャンティなところで
オシャンティなコース料理とか
食べてみたくなるわけですよ！
なんとかソースの
なんとか添えで
ございます
想像力の限界！
おっ
来週からDine LA
期間か！
Dine LA Wee
July 12~26
Dine LAとは、
LA（ロサンゼルス）で
年に2回ある食のイベント
普段お高めで敷居の高い
レストランでもこの期間中は
比較的安価でコース料理が
味わえる、グルメのための
お祭りなのだ
食
食祭
年々参加する
レストランが増えていってる
ため、新しい美食との
出会いの場でもあるのだが…
あ！
そうだそうだ！
ねえ姉ちゃん
もうすぐDine LA
だって！
偶然アメリカに
来ている姉
（普段は日本）
おっ
マジで!?

んじゃあ
ステーキ食べに
行きますか！
てなわけで 本日は
ステーキ専門店の
Lawry'sへ！
LAWRY'S
Dine LAの度に来る、
私たち姉妹にとっては
お馴染みのお店
相変わらず
きらびやか～
19世紀ヴィクトリア風と
思わしき内装がとても豪奢
どちら様だろう
たぶん社長
ここの制服も
古風で清楚で
可愛いんだよな～
ハロー
レイディーズ！
こちらが
メニューよ～
BAD
ASS
MENU
Dine-LA
お姉さ～ん
刺青刺青！
なんかイメージ壊れる！

今日来たってことは
Dine LAメニューね！
いかにも！
Dine LAメニュー
サラダ
スピニングボウル・サラダ
メイン
カリフォルニアカット
のプライムリブステーキ
＋ロブスターテール
付け合わせ
旬の野菜
デザート
サラダ
氷を敷いたボウルの上に
サラダボウルを置き
回しながら上空から
ドレッシングIN！
均等にドレッシングが
行き渡る
ようにかな？
私こういうことやる
芸能人知ってる！
も●みち！
Spinning Bowl
Salad
サウザンアイランド
ドレッシングが
甘酸っぱくて
おいしい！
このゼリー
みたいな
食感のやつ
なんだろ？
※茹でビーツです
パン＆バターに
舌鼓を
打ってると
ここのバター
すんごく
おいしい！
ガラガラ

ハロー！
ガラガラ
天空の城のロボットの胴体みたいなカート登場！（長い）
こちらシェフのトーマスよー
このメダルなんなんだろう
さてこのカートの中には
ホワン
焼き加減はどうされますか？
肉という名の幸せが詰まっているのさ！
〈焼き加減〉
レア
ミディアムレア
ミディアム
ミディアムウェル
ウェルダン
生
こんがり
じゃあ私はミディアムウェルで！
それにしても煙が出るカート漕ぎながら現れるってまさに機関車トーマス
シッ！
プライムリブステーキ
マッシュポテト＆クリームドコーン添え

おいしすぎてナレーションに集中できん！

※「オジュー」と発音。最初「お重」のことかと思った。なぜかフランス語で言われる

ただ部位によっては
脂っこ過ぎる箇所も
あるので、そんな時は…
これをつける！
Horse Radish
「ホースラディッシュ」と
呼ばれる西洋わさびをつけると
一気に日本人好みの爽快な風味が
プラスされる
直訳で「馬大根」
このツーンと
来るのが
たまらんねえー
そして私が
特筆したいのは
なんといっても
このコーン！
人生でこんなに
おいしいコーンは
初めてだよ！
すんっっごく甘々で
プチプチ～
ホワイトソースで炒める、
元々はネイティブアメリカン
発祥の料理らしい
陸の美食の後は
海の美食へ
オリーブオイル
Lobster's Tail
瑞々しくて
プリップリで
レモンかけてるから
磯臭さも全くない！
尻尾だけで
ものすごい厚み
だよね

食べ過ぎで
小休止していると
ガラガラ
ふぃ
お待たせしました
ヨークシャー
プディングで
ございます
またなんか
キタ！
なんか子供の頃
田舎のばーちゃん家に
遊びに行った時のこと
思い出すわ
ようかん
かすてぃら
ゼリーも
お食べ
プディングといっても
甘いわけじゃなく
パンのようなもので
外カリッ！
中はもっちりで
甘くないエッグタルト
って感じかな
ドヤアアン
姉ちゃん、
私プディングを
肉汁につけて
食べてるZE！
何だっ
てェェェ
姉
!?
ドヤアアアン
私なんかステーキの上に
乗っけて食べてるもんNE！
姉ちゃん
スゲーや！
こんな馬鹿な
やりとりができる人と
一緒に来れて良かった。

さて
まだデザートが
残ってるぞ！
Creme Brûlée
Chocolate Cake
ナメラカーノ
トロケルーノ！
クリーム・
ブリュレ
ベリーの酸味で
ただ甘いだけでは
終わらないところもいいね
はー
至福…
このケーキ
チョコが
すんごい濃い！
板チョコ3枚分⁉
ホントだ！しかも
すんごいもっちり！
小麦粉の代わりに
卵とチョコをたくさん
使ってるかららしい
もうとにかく
この世の贅を
尽くしたという
感じだったね～
オシャンティ
レストランで
記念写真中
Dine LA様々
だったわ！
幸せをギュッと
凝縮したような
コースにテンション
上がりまくりでした
今日の
お会計は！
コース料理：
＄59×２人＝＄118
Tax：＄11.21
チップ：＄20
合計：＄149.21
ラグジュアリーな
時間
☆☆☆☆☆

Episode.5 Ragin Cajun Café（レージン ケージャン カフェ）

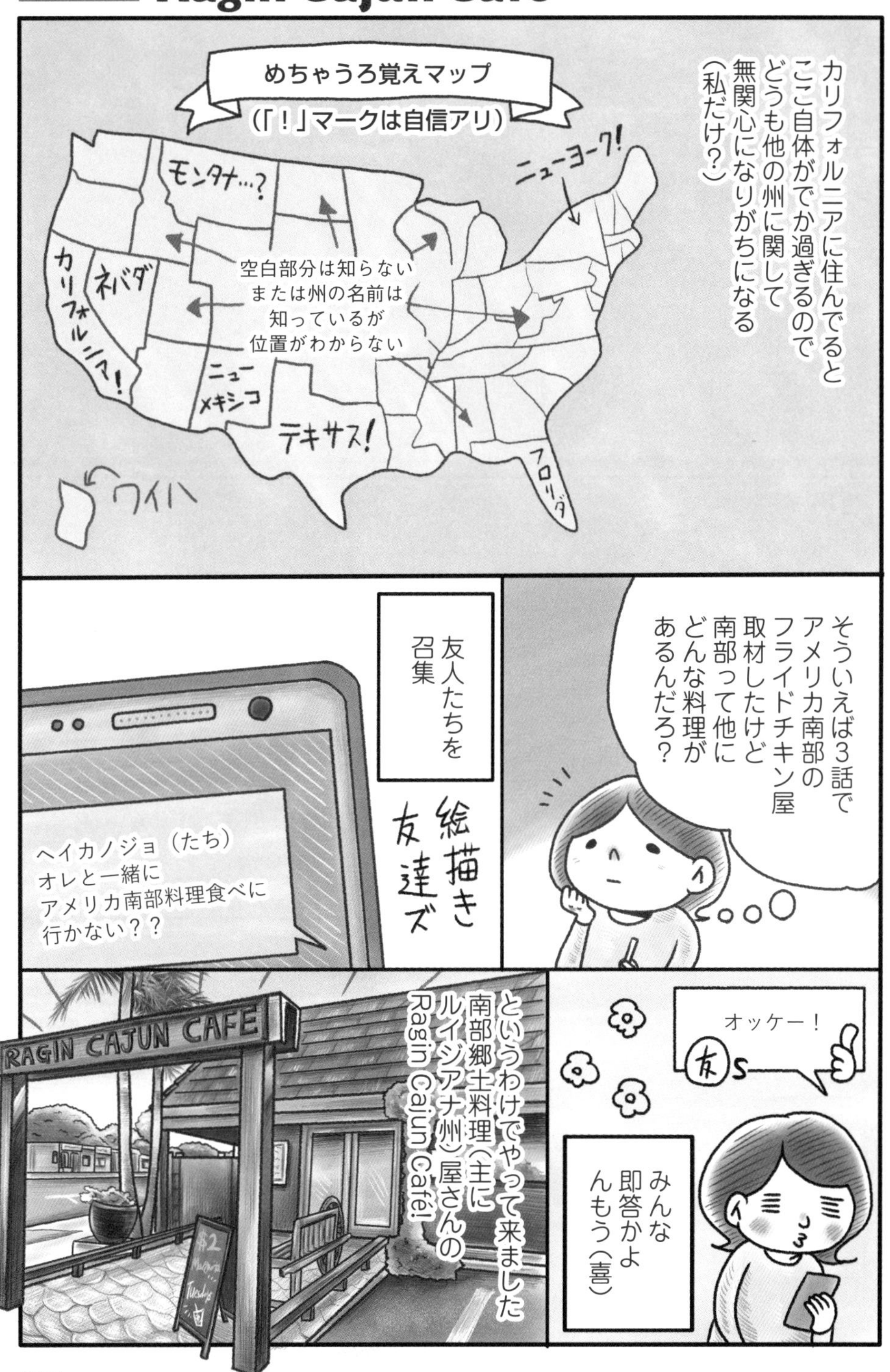

なでなで
お店の内装がステキ過ぎる！
あちこちにワニのモチーフがいっぱい
2 GEAUX
Bar
Thank U You for Voting us Best Cajun
RAGIN CAJUN CAFE
わー！
ガンボってのが南部料理なのはわかる！
フライドチキンが有名なのはわかる！
ちなみに２人とも南部料理を食べたことは？
私とほぼ変わらない認知度なのね
友人ヘザーさん
アメちゃん
（２人共、生粋のＮＹ育ち）
…そんな感じで行こうか
!?
じゃあみんなで気になったものを注文していく感じで
前菜メニュー
・ピクルスのフライ
メニュー
ニヤァァァァァ
ネタの神様が微笑んだ気がしました
!?
Po' Boy
・ビーフ
・エビ
・ワニ肉
・チキン
メニュー

さて前菜はピクルスのフライ
おお〜！
これは南部テキサス州でよく食べられてるらしい
思ったよりうまい！
キュウリ特有の爽やかな風味に揚げたことで香ばしさがプラスされ、これが意外にも良く合う
（ただすんごくしょっぱい…）
水…
私も…。
ほら〜メインがどしどし来たよ〜
?
わーい
① Po' Boyサンドウィッチ
ワニ肉ソーセージ入り
（コールスローサラダつき）
② フライドチキン
（マカロニチーズ＆
コーンブレッドつき）
③ Gumbalaya
（ガンバラヤ）
①
②
③

ワニ肉はタンパク質が高く、コレステロールも低いのでヘルシー食材なのだ！

お次は②のフライドチキン！
南部といえばコレ！
南部のフライドチキンはスコットランドからの移民が広めた食文化らしい
でっっっかい…
七面鳥か？
備え付けの辛いソースをかけて食べるも良しそのままで食べても良し
コラーゲン吸収しちゃうわー
チキンがぷりっぷり！
あと意外な伏兵が
コーンブレッドうまー!!
私が今までの人生で食べてたやつはもそもそしてたのにこれはもっちり甘い！
さらにバターをつけると背徳級のおいしさになります
このマカロニももっちり～
クリーミーなチーズと合わさってボリュームたっぷり♡

そして個人的に一番
おいしかったのが
③のガンバラヤ！
食レポを
始める前に
歴史の授業と
行きましょう
超・ざっくり説明するならば
南部ルイジアナ州には
ガンボとジャンバラヤという
二大郷土料理があり
主な材料
Onion
Sausage
Bell Pepper
Garlic
Rice
shrimp
Okra
等々。
「ジャンバラヤ」は
パエリアのような
ごはん料理
フランス系
移民から
伝来
「ガンボ」は
2〜3時間
コトコト煮込む
シチュー料理
スペイン系
移民から
伝来。
そして店長によって
この南部、二大おいしいものが
合わさって…
ガンボ
ジャンバ
ラヤ
このレストランオリジナル
「ガンバラヤ」が誕生したと
いうわけさ！
黒豆の
煮たもの
ジャンバラヤ
ガンボ
感想は
ガンボから
日本人
絶対好きだよ
コレ！

とろみのある濃厚スープに
様々なスパイスが交わり
カレーみたいなコクと
食材の旨味が感じられる
飽きのこない美味さ
エビたっぷり〜♥
真ん中のジャンバラヤは
ライスがソースとよく絡んでボリューム満載！
肉多めのピリ辛
炊き込みごはんって
感じ
さらにその隣のブラック
ビーンズの煮込みは
ちょうどいい塩加減で
小、中の給食でよく出てきたなぁ〜…
青春の味…
そうなん？
アメリカは高校から
あ〜もう全部いくらでも食べられる
もぐ×2
全体的なピリ辛味の原因ってこのセロリ、ピーマン、玉ねぎのせいか！
南部料理を
作る上での
「三種の神器（意訳）」
と言われてるそうな
Holy Trinity
メチャメチャ入ってる
他にもニンニク、胡椒などが
入ってるので
体がポカポカしてきた…
&舌がピリピリ。

デザートはBeignets（ベニエ）という四角い揚げドーナツのようなお菓子

店員
コレ食べる時は手づかみで食べてね

えっでも指汚れるし…

いいから！手づかみがルイジアナ・スタイルだから！

くわっ

アリゲーター

ホントかなあ!?

ということで手づかみでいくことに

まだ、ほのかにあったか〜い

あむっ

粉砂糖がまぶしてある

ブワァ…

めっっっちゃ粉塵舞いますやんかwwww

まるでダイヤモンドダスト

意外と中が空洞だ！

中にチョコソース入れちゃえ！

中ももっちりかと思った

南部料理思ってた500倍はおいしかったな〜

は〜♥

ごはんのためだけに南部に旅行したくなりました

本日のお会計

揚げピクルス：＄11
チキン：＄22
Po' Boy：＄18
ガンバラヤ：＄24
ベニエ：$9
Tax：$9.27

チップ：$12

合計：＄105.27

南部旅行記執筆予定
☆☆☆☆☆

Episode.6 Veggie Grill（ベジーグリル）

基本引きこもりのオタクなので…。

友人アメちゃん再び

おお〜!

Menu

サラダ

野菜ボウル

イッチ

コス

野菜バーガー

野菜スープ

ホントにお肉が一個もないんだねえ!

なんつってもここの売りは「なんちゃってお肉」!

Veggie Grill

ベジタリアン用に豆類を加工した「ソイミート」というものをお肉の代わりに使っているのだ

グリーンピースとか

大豆とか

ちなみにお高めのオシャンティスーパーに行くとソイミートのバラエティの広さに驚かされる

CHICK'N

CHICK'N

Plant Based

JACK FRUIT

ん〜迷うな〜どれにしよっかな〜

!?

夏季限定メニュー

Tonkatsu

Chicken

Ramen

!?

Ramen!

ハム、ソーセージ、果ては魚まで!

こ、これは、これを食えというネタの神の前フリか…!?
YOUこれにしちゃいなヨ
ネタ神
めにゅう
というかなぜラーメンが夏季限定メニュー?
RAMEN
ぽすたあ
わ、私これにしよっかなあ…?
ハァハァ
いやタマちゃん待って冷静になって!
今までこういうところでアジアンメニュー頼んでおいしかったことが一度でもあった!?
〜蘇る過去の記憶〜
焦げたMiso soup
モチの様なシャリのSushi
のびまくったUdon
などなど…
普通のサンドウィッチにします!
キリッ
珠ちゃん!
お店の名誉のために言っておくと結構好評らしいです

夏要素ある!?

はーい
お待たせ～
あっ
ごめんごめん
あなたのオーダー
お持ち帰り用に
包んじゃってたわ
コツン
お帰りください
という
意味だろうか…
ソイミートの
チキンサンド
タコス風
サラダ
わかってたけど
サラダのボリューム
すげえ！
私の顔
ぐらい
ある！
YASAI
これは
ひき肉を模した
ソイミートね！
パクッ
…肉じゃん!?
単純な奴

ピリ辛のサルサ（ソース）がよく染み込んでて、とても大豆で作ったとは思えない！
いや普通においしいよコレ！
そしてサラダはすんごい量の生野菜がシャッキシャキで歯ごたえ抜群！
ケール
芽キャベツ
キャベツ
ブロッコリー
大草原を食してる巨人の気分…
サワークリームにつけると余計おいしい〜！
付け合わせの揚げトルティーヤもうまし！
柑橘系のドレッシングによく合うよね
同じ味に飽きないよう工夫されてる構成になってるのが面白い
ベースはキャベツ＆ケールの緑野菜
トマト（甘酸っぱい）
ビーンズ（コッテリ）
アボカド（苦味？）
コーン（甘味）
そぼろ（甘辛）
そしてこちらが大豆の「チキン」サンド！
パン固ってえええええ〜
ギチギチギチ
はぐっ
…肉じゃん!?

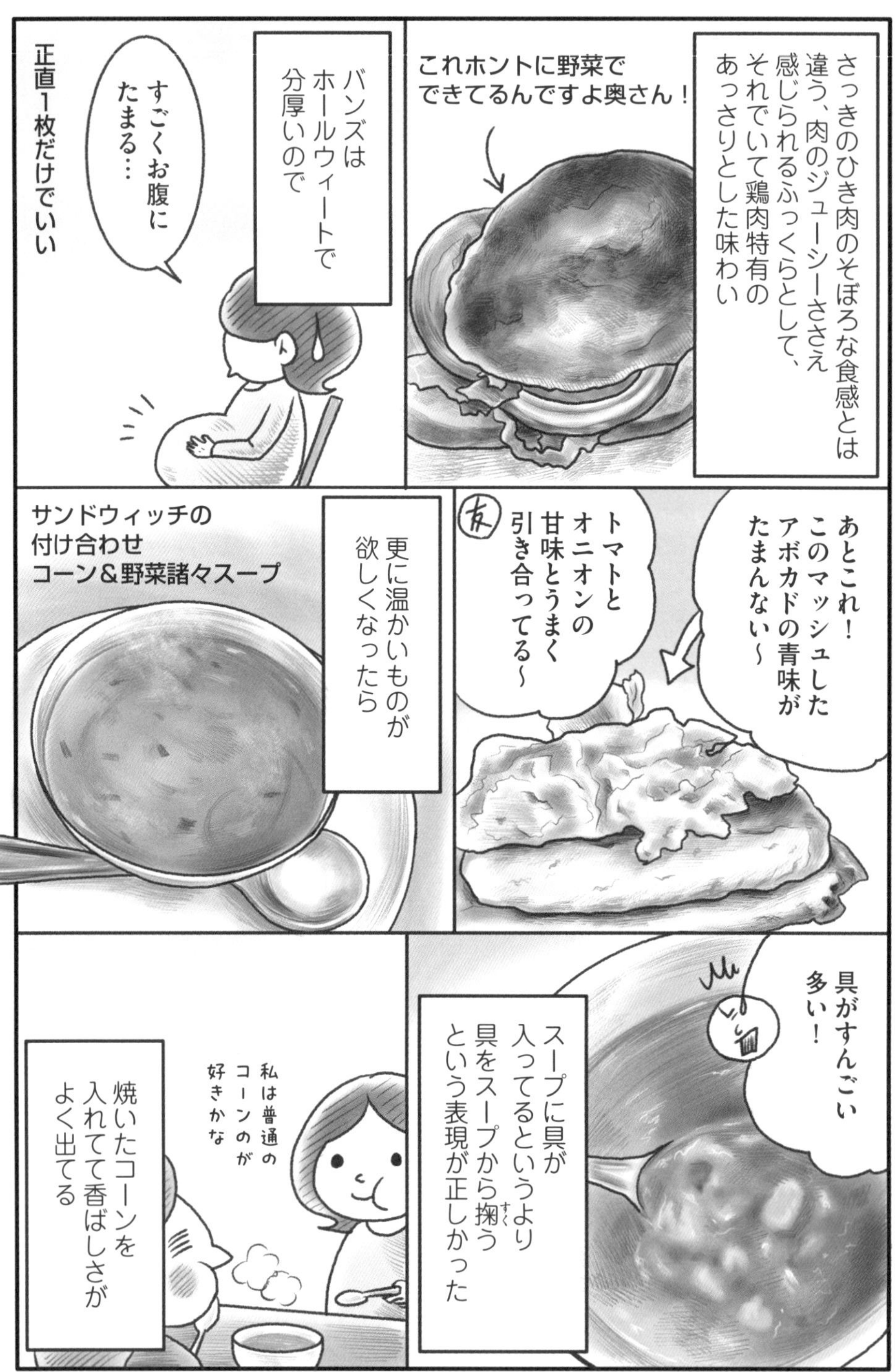
さっきのひき肉のそぼろな食感とは違う、肉のジューシーささえ感じられるふっくらとして、それでいて鶏肉特有のあっさりとした味わい
これホントに野菜でできてるんですよ奥さん！
バンズはホールウィートで分厚いので
すごくお腹にたまる…
正直1枚だけでいい
あとこれ！このマッシュしたアボカドの青味がたまんない～
トマトとオニオンの甘味とうまく引き合ってる～
友
更に温かいものが欲しくなったら
サンドウィッチの付け合わせ コーン＆野菜諸々スープ
具がすんごい多い！
スープに具が入ってるというより具をスープから掬う（すく）という表現が正しかった
私は普通のコーンのが好きかな
焼いたコーンを入れてて香ばしさがよく出てる

だってベジタリアンっていってもこんなに種類があるし

Semi-Vegetarian	Pescatarian	Lacto-Ovo-Vegetarian	Vegan
セミ・ベジタリアン	ペスクタリアン	ラクト・オヴォ・ベジタリアン	ヴィーガン
ごくたまに動物性タンパク質も摂るベジタリアン	魚介類は食べるベジタリアン	卵・乳製品は食べるベジタリアン	動物性タンパク質が入っているあらゆるものを摂らないベジタリアン

などなど

あー最後の最後にこの情報出せて良かったー！

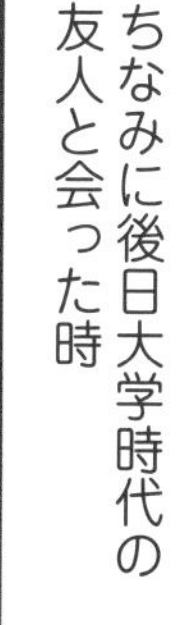

タマコが学食でいつも食べてたハンバーガー、ベジタリアン用のソイミート使ってたよ？

マジで!?

4年間ずっと肉だと思ってました

今回のお会計は！

スーパータコサラダ：＄11.25

「チキン」サンド：＄10.95

Tax：$2.14

合計：＄24.34

偽りの4年間☆☆☆☆☆

諸君。私はラスベガスが大好きだ。
まさか自分がと思ったが、ここ数年ベガスに一人旅をしてからどハマりしてしまい、以来、半年に1回は遊びに行くほどのベガスフリークになってしまった。
ベガスはとても良い。LAからは飛行機で1時間足らず、車だと約4~5時間。
特定の地域を除けば歩いて移動できるほど治安も良いし、おいしいレストランやショーも盛りだくさんだ。とても、良い。

という訳で！私がここ最近行ってきて一番おいしかったのはこれ！
Wynn（ウィン）というホテルにあるレストランで食べたチキンワッフル！
カリッカリに揚げたフライドチキンとワッフルにメープルシロップがかかってて、食べると甘い・しょっぱい・甘い・しょっぱい、のエンドレスループが楽しめる一品なのよー！

…ただ問題は1人を想定して作られた量ではないため、できれば2人以上で食べに行こう！

Episode.7 Yogurt Land (ヨーグルトランド)

何も食べないほうが痩せるぞ

※もちろん店によって違うぞ！

それを単体で味わうも良し
ミックスにするも良し！
ソフトクリームと
同じ原理だね
単体か
ダブルか
だが私が読者諸君に
忠告したいことは…
セルフサービスのお店
だから
油断すると
すぐに
カップいっぱいに
なるぞ！
欲張っちゃ
いかん！
ヨーグルト
まぁ私も若い頃はそんなミスを
しょっちゅうしてたけど、
もういい大人だからね
流石に自制…、
フッ…
ヨーグルト
フェスティバル
えーやぁーだーコレ
期間限定じゃなーい！
ぐねぐねぐね
ブルーベリーパイ味
おお！これは私の大好きな
ココナッツ味じゃなーい！
フェスティバル
ぐねぐねぐね
ハッ
こんもり
予想重量
オーバー

ヨーグルトを選んだらお次はトッピング！
タピオカ、フルーツ、クッキーシロップ　などなど
ちなみに味の入れ替えが頻繁にあるので
えー！ブラックセサミ(黒ゴマ味)もうないの!?
なんてことも
キ、キラキラしてる…！
普段灰色のオフィスにばかりいるからカラフルな色彩に圧倒されてしまうぜ…。
トッピングの種類がとにかくすごいので慎重に吟味していこう
コレと…コレと…いやコレも…
全部選び終わったら量り売りでお会計
チョコソースかけたほうがもっとおいしいよ！
いや今日は別にいいわ
NOと言える私
…でもチョコソースおいしいよ!?
!?
推すねぇ!?
かけませんでした

そんな私流
フローズン・ヨーグルトの
完成品はこちら！
Yogurt Land
地味…？
パシャ
なんかおかしい…
カラフルなトッピングを
もってしても
隠し切れないこの地味さ
野暮ったさ…
茶色の配色多し
なんかもっさり
ああ！他の人たち
みたいに形が
なってない！
こう
ガーン
つくづく
「〇〇映え」とは
縁のない人生だと
思いました
見た目はともかく
うまーーい！
ヨーグルトは味がついてても
土台にある爽やかな風味が
失われてない
こんな感じ
アハハハ…

いくらでも食べられる！

ベリーの酸味がプレーン味によって中和され、ココナッツが濃厚だけどしつこくない甘味でおいしさを底上げしてる！
縁の下の力持ち的な？
ちなみにトッピングの感想
プチプチ甘い！
Boba（タピオカ）
モチモチ甘い！
Mochi Pieces（甘くて小さいモチ）
求肥みたいな味
サクサク甘い！
シガー風クッキー
擬音語がたくさんある日本語って便利だと思いました
これを食べると大学生のバイト時代を思い出すなぁ
仕事が終わるといつも食べに行ってた
時が経っても変わらない味があるってなんか嬉しいな
甘酸っぱい私にって青春の味だわ
今回のお会計は！
ヨーグルト代：$0.51×6オンス＝$3.06
Tax：$0.29
合計：$3,35
もう戻らないあの日々
☆☆☆☆☆

友達と花金に会って
久しぶりに飲んじゃったのです…。
次の日
きぼじわるい…。
うっぷ
台所に行く途中で
力尽きたの図
おかゆ食べたい…
Never again
あーそういえば友達が前に
二日酔いにはハンバーガーか
ピザを食べるといいよ！
って言ってたなぁ

注：カクテル１杯である

最初はアメリカンジョークかと思ったけど実際どうなんだろう
いやいや流石にないでしょｗｗ
えー本当だもんー
…よし検証しに行ってみるか
あ、どっこいせ
（注：二日酔いにつきローテンションでお送りしております）
さて家から車で約11分ラスカルズ・テリヤキグリルに到着！
RASCALS
TERIYAKI GRILL
ここラスカルズは、1987年日系アメリカ人の兄弟が興した地元のダイナーで
ヤッホーイ
Rascal
私が高校時代に一度だけ行ってその後大人になってから急にどハマりしたという自分史をもつお店なのだ
当時の自分（高三）（すごく太ってた）
どうでもいい！
テリヤキ・グリルと名がつくだけあって、ここの真髄はなんと言ってもテリヤキ！そしてテリヤキバーガー！
Teriyaki Plate
LAのテリヤキ屋さんはよくテリヤキチキン・ライス・サラダをセットにして売ってるぜ

むしろ防犯になっていいと思うんだが

お！
ポリスだ
なんでかわからないけど
この店ってポリス出没率が
異様に高い
日本にいる友達に
この話をしたら
友
えっ私用で
パトカーで
ランチに
行くの！？
？ダメ？
と驚かれた
ちなみにアメリカの地元の
レストランでは警察官
軍人、消防士などが来店すると
割引してくれるところが結構あって
特に軍人さんは
いろんなお店で
割引されてるのを
よく見るなー
こういうポスターがあったり
Thank you
For
Protecting our
Communities
Hello ～
What can I get for you?
（こんにちは　何にしますか？）
え～とね
アボカドテリヤキバーガー
のコンボで…
前来た時
Can you make the lettuce
Shredded?
（レタスって細切りに
できるかな？）
はぐっ
だら～っ…
OK！
あっさり
つくづく思うけど
アメリカってホントに
「とりあえず自分の
要求を言ってみる」勇気が
大事だと思う

※アメリカのマックには
テリヤキバーガーがないのです

ジューシーなミディアム・ウェルパティにアボカド、薄切りにされたオニオン、シャキシャキなレタスにトマト！
最高ですな。
それらのまとめ役はなんと言っても甘辛なテリヤキソース！
日本のと比べたらちょっとしょっぱい
TeriYaki Sauce
アメリカのスーパーにも売ってる
ちなみに一つ一つの具材が非常に分厚いので
下手したら肉よりも。
アゴが外れる…
バーガーの核とも言える肉の部分になかなかたどり着かないのが面白い
と、遠い…
バンズ
アボカド
トマト
肉
オニオン
レタス
チーズ
バンズ
セルフサービス
テリヤキソースもっと欲しいかも
テリヤキ
ケチャップ
ドパパパッ
ドパパパッ
お、おばちゃああーーん!?
過ぎたるは及ばざるが如し
見せられないよ!

気を取り直して
肉とソースで重くなりがちだけど野菜たっぷりだから全然くどくない！
はぐーっ
あとここのポテトにはデフォルトでチリソルトが振りかけてあって
うっすら赤い
アッツアツのフライがちょうどいい塩加減＋ピリ辛でおいしい！
ほく
ほく
テリヤキソースの甘味＋チリソルトの辛味を交互に何往復か味わえば
幸せなコンボ技
ぐはぐはぐはぐはぐ
二日酔いがウソのような食いっぷりで見事完食！
おいしさに
KO負け
空っ
HP
100
ぐ〜〜〜っ
…ん？
ってかそういえば二日酔い治ってるー!?
ホワーイ!?
誰か私にこのメカニズムを説明してください…
Never again
本日のお会計は
テリヤキアボカドバーガーコンボ
チェダーチーズ付き
＄9.50
Tax：$0.90
合計：＄10.40
アメリカ人のテリヤキソースへの愛☆☆☆☆☆

夏休み明け
ここ近年アメリカのソウルフードであるドーナツのリア充化が著しい（気がする）
元
ネタ出し中
そういえば
4年ぐらい前に行った
ドーナツ屋さん
おいしかったな〜
でも遠いんだよなー。
輪っか
タマちゃんが昔
おいしいって言ってた
ドーナツ屋さん、
近くに支店ができたよ！
友
なんて
タイムリーな情報を
くれるんだ友よ
ホントに1コマ目から
本日は
おしゃれドーナツのお店、
Sidecar Donuts（サイドカードーナッツ）へ！
Sidecar
DONUTS & COFFEE
World's Freshest Donut
とにかく
オシャレ！
可愛いー！
Sidecar

※なぜか店の外に置いてある

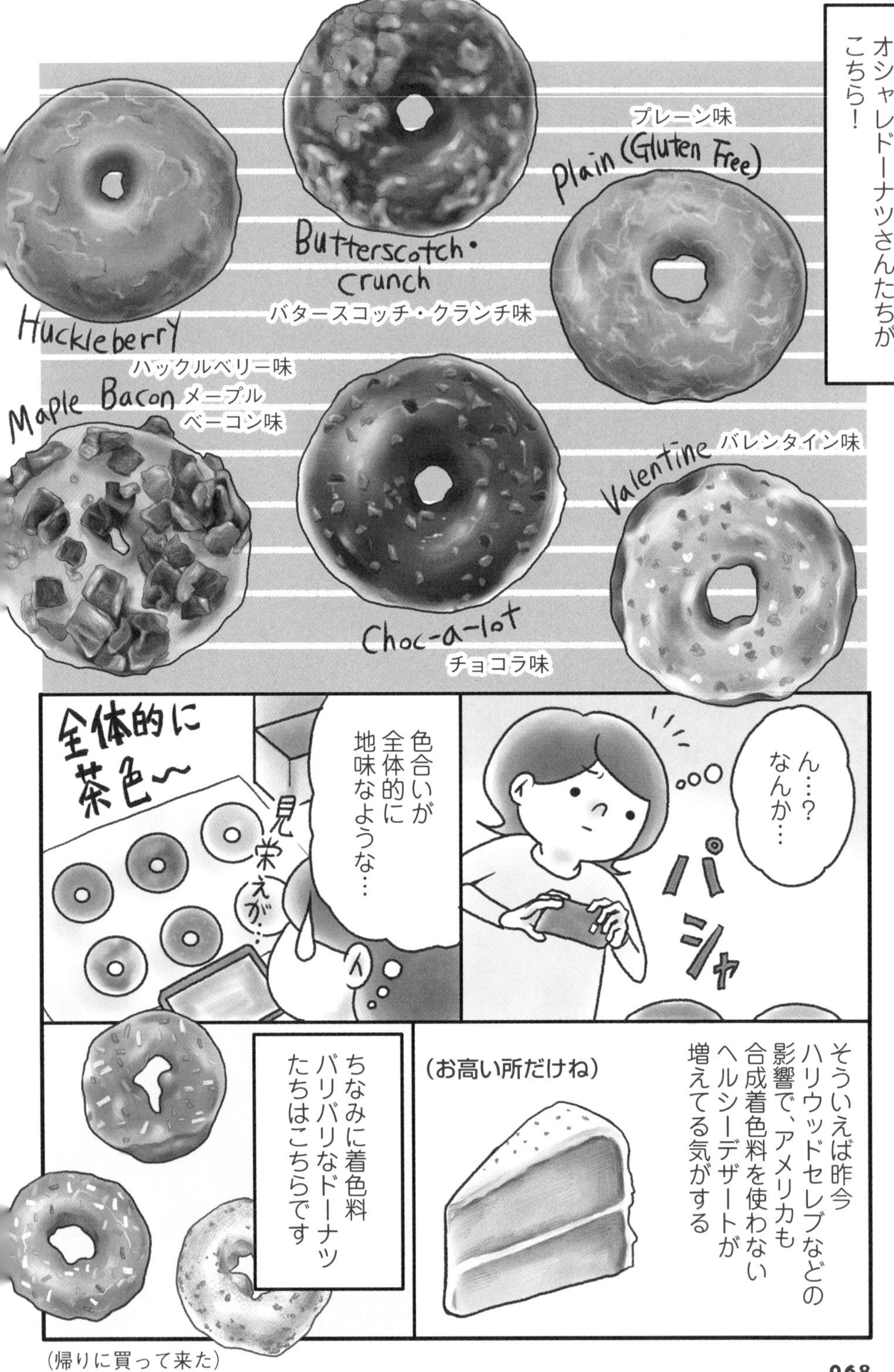

そんな
オシャレドーナツさんたちが
こちら！
プレーン味
Plain (Gluten Free)
Butterscotch・crunch
バタースコッチ・クランチ味
Huckleberry
ハックルベリー味
Maple Bacon メープルベーコン味
Valentine バレンタイン味
Choc-a-lot
チョコラ味
ん…？
なんか…
パシャ
色合いが
全体的に
地味なような…
見栄えが…
全体的に
茶色〜
そういえば昨今
ハリウッドセレブなどの
影響で、アメリカも
合成着色料を使わない
ヘルシーデザートが
増えてる気がする
（お高い所だけね）
ちなみに着色料
バリバリなドーナツ
たちはこちらです
（帰りに買って来た）

さーてそれでは
食レポ開始！

全部は
食べきれないので
これぐらいずつね

アラサーの
胃袋……

ひとカケラ

ハックルベリー味

ずっしり重くて
ブルーベリーの
味が外にも中にも
ぎっしり

ドーナツ食べてるというより、
ブルーベリー食べてる感じ

バタースコッチ・
クランチ味

外側に
ライスのクリスピー

食べ応えが
すごくて
ガツガツいける！

バターキャラメルの
飴の味だコレ……！

子供の頃に
よく食べた！

懐かしい味が
しました

プレーン味の
グルテンフリー

バターと塩のみで
甘さ控えめなのが
嬉しい

一番小ぶりだけど
一番重量感がある

ちなみに「グルテンフリー」
というのは、簡単にいうと
「小麦粉不使用」食品のこと

生活習慣病を
予防したり
美肌効果も
あるらしいよ！

FLOUR

ここ近年いろんなところで
見かける気がする

たぶんベーコンがあかんかった

一番好きかも！

そして最後は期間限定のバレンタイン味
中身がカラフルなスプリンクル入り
おいしいけど味はプレーンと変わらない…か…？
うう～ん？
きっとこれは恋人同士がイチャイチャしながら食べるために作られたんでしょう（偏見）
さて、すんごく余ってしまったドーナツは一口サイズに切って
ざくざく
冷凍庫にまとめてイン！
でえどころ
そして数ヶ月かけておやつとしてちびちびと消費することに「老い」を感じるのであった…
ワビサビってやつかな（違う）
本日のお会計は！
ハックルベリー：＄3.75
バタースコッチ：＄4
グルテンフリー：＄4
メープルベーコン：＄4
チョコラ：＄3.50
バレンタイン：＄3.50
Tax：$2.16
合計：＄24.91
5年前だったら完食できた
☆☆☆☆☆

諸君。私はラスベガスが大好きだ（2回目）。
これさあー見てよーー。
私が大好きなBellagio（ベラージオ）っていうホテルにね、Conservatory（コンサーバトリー）って呼ばれる室内植物園があるんだけどね？
そこの裏になんと！ すんごいおいしそうなケーキ屋さんがあったのー。それで最近ハマってるレモンタルトをゲットしちゃった！

上に乗ってるのはメレンゲで甘あま、下のタルトのフィリングはレモンクリームで、甘酸っぱくておいしいのよー！

これだからベガスはやめられない！

Episode.10 Mac n Cheese

みなさんすみません!
M&C、とんでもなく
いろんな味がありました!
チキン&
ブロッコリー!?
ビーフストロガノフ!?
ツナチーズ!?
どうやら水を入れてチンするだけの
カップ型と、自分で作る
インスタント型(M&Cの素)の
2種類あるらしい
インスタント型
中にソースや
チーズが入ってる
マカロニを茹でて
混ぜるだけ
カップ型
カップカップ型だけ買って
あとはレストランで
テイクアウトすっか!
訳:調理は
めんどい。
MACKY
よしっ じゃあ
最初はこれから!
MAC & CHEESE ORIGINAL MADE WITH REAL CHEESE
カップ型
値段が驚きの99セント(約140円)!
※2020年当時
同封されてる粉状の
チーズを入れて水を加え
サラサラ
粉チーズ
(麺が思ったより細い)
レンジで3分30秒
チーン

この時点でさっきよりは良さげ

ベースはチーズ味だけど
調味料のパプリカ粉と
ガーリックのピリ辛が効いてる
タバスコも
入れちゃえ
てか
さっきのに比べて
マカロニの太さが
全然違う！
みてコレ！
(さっきの)
ほっそり
どーん
これが資本主義の
格差社会か
飽きたらこの魔法の粉で
食感のテコ入れもしつつ
Bread Crumbs
(焼きパン粉)
Bread crumb
もちもちな食感に
カリカリが
プラスされた！
スプーン
どうやらM&Cに焼きパン粉は
メジャーなトッピングらしい
いよっし、じゃあ次は
テイクアウトだ！
ポチッとな
今回はStacked(スタックド)という
レストランで注文しました
15分後
ハイM&C
2皿っすねー
ずっしり
あ、これ絶対1人じゃ
食い切れんやつや
ネットでテイクアウト注文

どんだけ好きなんだい！

タマちゃーん今夜 みんなでご飯持ち寄って一緒に食べない？
友
神がかったタイミングだな！
もちろん行くとも！
ヤッホー
今日はM＆C持ってきt…、
ガチャ
ワアッ
えっそんな嬉しい!?
Chicken Pesto M & C
中身は
バジルのペースト
（切り刻んだバジルに
いろんな調味料やオリーブオイルで
和えたソース）
・チーズ
・鶏ムネ肉のグリル
・マッシュルーム
・トマト
・ガーリック
・トッピングには焦がしパン粉がたっぷり！
チーズとペーストで脂っこいはずなのに不思議とあっさりなお味
んんん？？
何でだ？
じっくり炒めたトマトの甘味とチキンで、オイリーさを中和してると見た
友
マッシュルームも旨味たっぷりよ！

さーて、最後は豪華だぞい！

Lobster M&C

・チーズ
・ロブスター
・エビ
・トマト
・ガーリック
・バジル
・こっちもトッピングに焦がしパン粉

口いっぱいに、パン粉を着たロブスター＆エビの塩味が広がる

最高おおおぉお！

ロブスターとエビのプリプリした歯ごたえに濃いチーズとガーリックの香ばしさもすごくいい

これら全部がモッチモチのマカロニと一緒に…

アメリカ料理の意外な奥深さに気づけた体験でした

M＆Cってこんなに色々アレンジできるんだね！

まァ、

俺ん家はチーズオンリーだけどね

本日のお会計は！

インスタント（小）：＄0.99

インスタント（大）：＄3.99

チキンペーストM＆C：＄10.99

ロブスターM＆C：＄13.99

Tax：＄2.85

合計：＄32.81

今更カルチャーショック ☆☆☆☆☆

みんないろんな材料入れるのがめんどいのでたいていチーズのみらしい

全部自家製で、約８種類もある！

最初はこちらから！

Traditional Sandwich

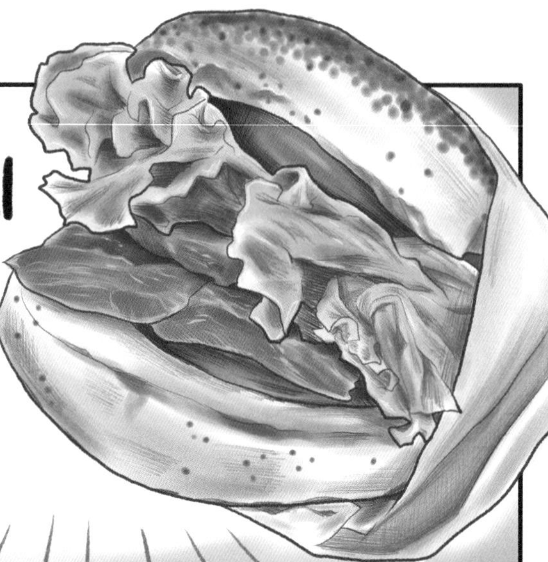

昔ながらのサンドウィッチ

ベーグル、サーモンLox、クリームチーズ、レタス、トマト、オニオンが入ってる、ベーグルはポピーシード（ケシの実）味。

Lox（ロックス）とは塩漬け鮭の切り身のこと

スーパーでこんな感じで売ってる高いんだ〜

最初に鼻にオニオンの爽やかな香りがシュッと入ってくる

アメリカのイエローマスタード。全然辛くない

※サンクスギビング（感謝祭）：
11月第４木曜日にあるアメリカの祝日

Green Onion Cream Cheese
（ベーグルはライ麦味）
ここのクリームチーズはとにかく鮮度が
神。
常に作りたての味がする！
cream cheese
サワークリームみたいな味でネギの甘みとチーズがよく合う
ハム乗っけたら絶対美味しい！
Herb& Garlic Cream Cheese
（ベーグルは全粒粉）
Jalapeno& Green Chile Cream Cheese
（ベーグルは卵味）
唐辛子効果？
ハラペーニョ入りなのに辛くない。（チーズのおかげ）食べてると口の中がじんわ〜りあったかくなる
こっちはサーモンと合いそう！
ハーブ（ローズマリー）の香りとガーリックの辛味が口の中で弾けつつも後味がまろやか

Strawberry Cream cheese Sandwich
次はデザート系いってみよう!
私のイチオシ!
そういえば昔友達が
ここにマシュマロがあります
(約5年前)
マシュマロ
モッチモチの生地に甘酸っぱい苺のクリームチーズがどっしり~
SHIAWASE~
苺の果肉たっぷり!
ベーグルトーストする時マシュマロも一緒に乗っけてクリームチーズ塗ってみ?
悪魔的うまさの苺マロトーストのできあがり!
あまりにもおいしくて貪り食べた結果、その夏私の体重は(ピー)kgに。
切ない青春の思い出…。

アメリカのオフィスでは、たまに社員に振る舞う朝食で
ベーグル＋クリームチーズが定番

アメリカのスーパーではおいしいスイーツが買えるのか!?
Happy BIRTHDay
Love
買えるんだなこれが!
キュピーン
プリンが食べたい!
ちょっとスーパー行って来るね!
先週この辺で銃撃事件あったから気をつけるのよ〜
母
さて向かう先は全米屈指のオシャンティスーパー「Whole Foods!」
WHOLE FOODS MARKET
富裕層の街によくあるスーパーで人工添加物が入っていないオーガニック食品を主に扱っていることで有名なのだ。
商品のパッケージもオシャンティ
Pancake Mix

プリンは食べたいもののあんまり売ってるのを見たことがないのであくまでもデザート探し
アッハッハ
わっこれおいしそう！でもでかいなあ〜
クッキードウ（クッキー生地）アメリカ人大好き！
JULIANO'S TASTY READY TO EAT COOKIE DOUGH BIRTHADAY CAKE
ライスプディングか〜今日は気分じゃないんだよな〜
COZYSHACK
COZYSHACK
$3.49
$3.49
MMACULATE
えっ
嘘！プリン見つかった！しかもバニラ味だって！
MINIPOT
MINIPOT
大きさもちょうどいいしこれにshi…
ハッ
プリンが意外と、すぐ見つかってしまったんだなぁ。（み●を風）
よ、よーし！じゃあもっと探検しちゃおっかな！
12話完

何か飲み物は〜
あっコンブチャだ！
これこそがアメリカですんごく流行ってるKombucha！
日本の「昆布茶」のことではなく、モンゴル発祥で紅茶キノコを発酵させたお茶のことをいう
梅昆布茶はおいしいよね！
かれこれもう10年ぐらい流行ってるかな？
まあこんないつの間にか専用の棚までできちゃって…。（母目線）
ホロ…
ヘーイタマコー
What level Are you?
（今の君のレベルは何？）
おおマイク！
彼の名前はマイク5年ぐらい前、当時お互いハマっていたアプリゲーム繋がりで仲良くなった店員さん
（キャン●ィ・ク●ッシュだった）
俺もそれ好き！

もうとっくにあのゲーム
プレイしてないっつうのに
未だにレベルが上がったか
聞いてくる
まぁ俺はまだ
やってるけどね！
マジで!?
今日は
どうするの？
あ〜、じゃあ
このタマレス※でも
貰おうかな
OK!
※メキシコ料理でちまきみたいなモノ
オマケでサイズが
でかいやつ選んで
おいたからね！
コソッ
お、おう
量り売りだから
オマケでもなんでも
ないのだが…。
バイビー
スイーツコーナー
キター!!
あああオシャンティ
スーパーならではの
クオリティ！
資本主義万歳！
ナゾの熱視線
!?

こ、これはWhole Foodsが
3、4年ほど前から
販売に力を入れてる
モチ(大福)アイス…
これを大福アイスと
認めたくなくて
普段は敬遠してた
けど…
………
ネタの神様に
呼ばれた気が
した…。
Thank you～
ぃよーし！ では
これより1人
スイパラ(スイーツ
パラダイス)の儀を
始める！
KOMBUCHA
KOMBUCHA
NEW
Chocolate
XOXO
RUBY
プリン
なめらか～！
日本のプリンみたいな
固さじゃなくて
クリームみたいな食感！
あとバニラがすごく
効いててネットリした
カスタードとよく合っている！
大当たり！
ぷる
ぷる
ちなみに日本っぽい
プリンが食べたい人は
Flanというデザートが
おすすめだぞ！
フツーのスーパーでも
たまーに見かける
Caramel
Flan
ほぼ日本のプリンと同じ

オシャンティなスーパーは材料にも拘るから高いんじゃよ

注：コンブチャは発酵炭酸飲料なので運が悪ければ開ける時爆発するぞ！
・・・・
ポタ
ポタ
結構長い間愛飲しているが実は未だにこの味には馴染めない
うう～ん
リンゴ酢の炭酸水割り…？
Apple cider Vinegar
＋
Sparkling Water
（飲むと代謝が良くなりデトックス効果もあるらしいぞ！）
よーし、じゃあ最後はコレ！
Yukimi Daifuku～
フフン
わかってますよどうせヘンな味なんでショ？せいぜい私の漫画のネタに…、
ヒョイ
パクッ
ナイッシュー
…うまい!?
あらまあ
ヤミー
柔らかすぎず固すぎず厚すぎないモチにそれぞれパンチの強いアイスが意外とよく合ってる！
ピスタチオ
ブルーベリー
マンゴー
てか、
意外とおいしかったせいでオチが弱くなっちゃったよ！
今回のお値段
プリン：＄3.29／1個
コンブチャ：＄3.59／1個
タマレス：＄9.99／1パウンド
ルビーチョコ：＄3.99／1個
モチアイス：＄2／1個
Tax：＄6.19
合計：＄69.69
モチの応用力の高さ
☆☆☆☆☆

Episode.13 Stinking Rose®（スティンキン ローズ）

今日紹介するのはほとんどのメニューにニンニクが含まれてるすごくいいお店Stinking Rose®！
STINK
オサレ…！
きゅううんっ
普段ビバリーなんて滅多に来ないもんねー…
特に来る理由ないからね～
STINKY ROSE
あ、やっぱここバレットパーキングだわ！
5XE131
バレットパーキングとは係員が駐車を代行してくれるサービスのことで（有料）
束の間のお姫様気分を味わえる
ホホホ
ありがと
セバスチャン
ただし高くつくけどな！
Valet Parking
$7.50
Service Charge
チラ
いらっしゃいませー！

真っ先に思ったこと
うわ、ニンニク臭っ！
スーーッ
フレッシュ
店の至る所に吸血鬼の人形やイラストなどがあってどうやら
「吸血鬼が開いてるお店」というコンセプトらしい
吸血鬼の弱点ってニンニクなのにニンニク専門店？
ボソッ
ハッ
確かに！
吸血鬼ドMか貴様
こちらですー
そして壁画がすごい！
GARLYWOOD
素敵ー！
この壁一面に絵が描けたらそりゃ楽しいだろうなあ…
STINKERS
BOW WOW
騒ぐ絵描きの血
はーいじゃあ
まずは備え付けのパン
どうぞ〜

パンはもちろんガーリックブレッド!!
おいしい──!
ホックホクですんごい香ばしい
バチッ
プイッ
カワイーッフウーウッ!
ヒラヒラ
アアンつれない〜フウーウッ!
前菜のニンニクのバーニャ・カウダとカラマリ揚げ(イカリング)です
ちゃんと座りなさい!
母
ははーんこれはアレか、ツンデレってやつか!
わーい!
本来のバーニャ・カウダは野菜をディップして食べるらしいがここではニンニクオンリーで食べる!
ガーリックブレッドと相性最高!
全然クセがなくていくらでも食べられそう!
あっちょっとそんな急にたくさん食べたら…
もっもっもっ

ガーリック・ロケット砲発射！
コハァーッ
…？
胃
ニンニクを詰め込みすぎたのかなんなのか、急に胃の中が熱くなってきて、私、悶絶。
うう〜ん
おバカ…
お待たせしましたーメイン料理でーす！
コハァーッ
ちょ、大丈夫？あんま無理しないほうが…
Portbello mushroom Steak ポートベロマッシュルームステーキ
Ribeye steak リブアイステーキ

おいしそうねー早く食べよっかー！
復活
なんたる食に対する執念
ステーキはもちろんステーキ（素敵）！
イメージ図
トレビアン！
ガーリックのソテーだから味がすごく効いてる!!
このマッシュポテトにもガーリック入ってるしクローヴも入ってるね
えっそう？
わかりませんでした
赤身と脂身の配置が絶妙で割と薄めな味なので
ポン酢かけて食べたら絶対うまい！
イメージ図
PONZU
ねェ，
ステーキ切る度に皿がすんごい回るんだけど（笑）
お皿の立て付けが悪かったんだろうか…。
グラグラ
私も（笑）
もう一つのメイン料理ポートベロマッシュルームのステーキは、雷に撃たれたかのようなうまさだった！
なんじゃあこりゃあ!?
ピシャアァーン
今の人はわからないネタ

肉と見紛うような
キノコの食感
重量感…それでいて
キノコ独特のクセが
まったくない！
ちなみにポートベロ
マッシュルームとは
直径10〜15センチの
超でかいキノコのことだよ！
ベジタリアンが
お肉の代用として
食べたりするよ！
日本にはあまり
流通されてないみたい
これはあんまり
ガーリックの味が
しないいね
どっちかといえば
オイスターソース
ガーリックに食傷した
舌に良い箸休め的な
一品
あーおいしかった
ねー！
あ、
はーい
ハッピーバースデー
トゥーユー！
もういいよー
友
急に
なんかキタ！
ハッピーバースデー
トゥーユー
ガーリック帽
きゅむっ

注：ビバリーヒルズ店は2021年をもって閉店。現在はサンフランシスコ店のみです。

Episode.14
Foster's Freeze（フォスターズ フリーズ）
Foster's Freeze
私の家の近くには、そこだけ時が止まったようなアイスクリーム屋さんがある
わあ!! 60年代チックでかわいい!
タマコ15歳（当時）
ATM
ここ、本当に現役のお店だよね?
そうよー もう何十年もあるの
友
OREO Parfait
OREO Cheesecake
cherries!
ここの名物のDipped Cone（ディップドコーン）を注文してみる
くーだーさいっ
うねうねと機械から出てきたソフトクリームを
逆さにして豪快にチョコソースをイン!
ドボン
えええっ!? （小声）
チョコソースに「ディップ」してるから
この名前になったっぽい

注：外観がレトロなだけで建物自体は定期的にメンテナンスしているので綺麗。

Hot Fudge Brownie Parfait
（ホットファッジブラウニーパフェ）
まずはこれからいきます！
チョコソースの一種
ココアパウダーを
バター、生クリーム、
砂糖などで煮詰める
※名前に「ホット」とあるけど別に熱くはない
写真バージョン
パフェ、写真と全然違うし！
ブフッ
タテ。
←ヨコ。→
ホットファッジが濃っっっ厚〜〜〜〜
器にもれなくたっぷたぷ
でもバニラアイスと生クリームで中和されてちょうど…
ホットファッジ
よくはないな甘いわ。
ね。
チョコ味が強すぎました
アイスの底にはこれまた濃厚なチョコブラウニーがお待ちかね！
小さい粒状になってる
モッチモチ濃厚でチョコ好きにはたまらん〜

チョコ、苺、バニラアイスの
3食アイスな場合もあるぞ！豪華！

個人的バナナ＋チョコソース＋バニラアイスが一番好き

注：主観です

今回のお値段

Dipped Cone：＄3.85
Brownie Parfait：＄6.75
Banana Split：＄6.95
Worm Twister：＄6.95
Strawberry parfait: ＄6.95
Tax：$3.07

合計：＄34.52

創業60年の地元人気
☆☆☆☆☆

※Foster's Freeze のオリジナルメニュー。

うちの近所には、日本人のオーナーさんがやってるKansha Creameryという、とんでもなくおいしいアイスクリーム屋さんがあるぞい！
全部自家製で作ってるから成分安心だし、数あるフレーバーの中でも私のダントツイチオシは、Mr. Universalという、ミルクアイスベースにキャラメル＆オートミールクッキーが入れてあるやつ！　こればっかりはダイエットなんて忘れて食べるしかない！

流石アメリカ有数の
巨大都市なだけあって
LAの美食レベルは
世界レベルで高いと思う
取材のためだしー
有名店のドーナツ（1個3ドル）
Foodie
アメリカン
イタリアン
シーフード
取材するレストランのストックを整理してみたら
あ
そういえばLAのレストランまったく取り上げてない！
ということに気づきまして
ちなみに
「LA」とは100個近くの市を内包している郡としてのLA「カウンティ」と、その中心都市のLA「シティ」の2つがあるぜ
大阪府大阪市みたいなものかな
なので今回はシティー・オブ・LAのレストランへGO！
GRAND
DO NOT BLOCK INTERSECTION
LOUIE

本日はイタリアン・アメリカンレストランのBottega Louie（ボッテガルイ）へ！
車混んでたな～
週末なのにね
姉
店に入った途端目に入るのは
芸術（アート）が目の前に！
それはマカロン&ケーキで構成された色とりどりのスイーツの狂宴
しゅてき…
お店で食べられるのはもちろんお持ち帰りやギフト用のチョコなども充実しているのだ
このコーナーにいると老若男女キラキラした目になるのが面白い
もうスイーツだけで8ページ取材したいぐらいだが
こちらの席へどうぞ～

実は結構久しぶりに来るので
何がおいしかったっけなあ…
僕のおすすめはご入り用かな？
イケメンウエイター
Sure!
（もちろん）
これとこれかあとこっちもおいしいよ〜
MENU
Salads
Pizza
Pasta
へーじゃあそれで！
（単純）
Small plates
こっちのは僕のボーイフレンドの大好物なんだよ！
まあ、そりゃお相手がいますよねえ！
さて前菜は
Portobello Mushroom Fries
でかい！
出来立てだから外サックサクで中アッツアツ！
ハフハフ
このマスタードっぽいソースをつけるとおいしさ倍増〜

ホントにこれキノコ？！

ただ出来立てな分気をつけないと口のてっぺんを持っていかれる
ゴフッ
あっちい！
姉ちゃん大丈夫⁉
お次はピザだよ〜
Burrata pizza
わーい！
一口食べた感想‥
苦い…？
この野菜の味じゃない？
ああ！
トッピングの「ラピーニ」という、菜の花みたいな野菜の味だった
この苦味に2種類のチーズのまろやかさが加わり
Pecorino Romano cheese
Burrata cheese
さらにプロシュートの塩味がプラスされてもういうことなしなお味に
アドリア海を体現したようなピザだねえ〜
テキトーな事を言うな

ちなみにタバスコを使うのはアメリカ流らしい。

そんなカルボナーラは今までの人生で一番おいしかった
天国
ふと両隣の席を見ると
みんなカルボナーラ食べてるし！
サイコロ状に切ったカリカリのパンチェッタ（豚バラの塩漬け）＋コッテリソースで塩辛くなりそうなのを
バーカバーカ
肉
お前こそバーカ
ソース
半熟卵のオカンが中和してくれている
ハイハイ、あんたら塩対応ばっかじゃあかんよー
母ちゃん！
湯気の立ってるこいつをこうして～…
クルクル
こうだ！
口いっぱいにほおばる幸せ
この一口だけできっと私今世界一幸せ…
ウフフ…
アハハ…
わかる…。

そうして美食の旅が終了し
もう食べられないわ～
ちょっと残した
To go box please！（持ち帰り用のボックスください～！）
ケーキはどうする？
家で食べよっか
これ下さい～
いくら別腹でも流石に無理でした
オマケ
本当にあったLA怖い話
昔、ここの近くの展示会参加してたアートギャラリーでイベント始まるまでの時間が余ってたので
ボッテガルイでマカロン買おーうっと！
近いし徒歩で～
なおその時夜の9時
ザワザワ
…
Coffee
ねぇ～お金頂戴よお～1ドルでいいからぁ
あひゃひゃひゃひゃ
薬でラリってる

注）LA市のレストランはチップとは別にサービス代が付いてくる場合が多い。

Episode.16 Brio-Baby shower（ブリオ　ベイビー　シャワー）

大体妊娠6〜8カ月目にやるので、別に時間が足りなかったわけではない。

とは
言ったものの…
どこでやる？
デコレーションは？
余興とかは？
人数は？
さっぱり
そこから始まった！
長い長い
ベビーシャワー
イベントプランへの道
場所探し
これは
案外すんなり
見つかった
私が前やった所
おすすめだから
教えるよー
友
おーありがとー♥
えっ
このレストランで
やったんだ!?
ちょうど気になって
たんだよね！
ラッキー
デコレーション
やっぱり
パーティーには
雰囲気を盛り上げて
くれる賑やかしが
ないといけない！
OMEDE
…
パリピ
ここが…、噂に名高い
パーティーグッズ専門店
「パーティーシティ」…
Partycity
家の近くだったから
寄ってみたものの
アメリカ人の
パーティーに対する
執念すげえ！

誕生日用グッズはもちろん
ブライダルシャワー、結婚記念日、
祝日、ハロウィンやクリスマスなど
あらゆるテーマの
パーティーグッズが揃っていた！

アメリカ版
「あんたが大将」タスキ

Deluxe Sash

Bridal Party Sashes

BRIDE

テーマの多さに
めまいがする…

ベビーシャワー用
デコレーションセット
なんてのも売ってるよ！

助かるー！

ねぇ
タマちゃん

一緒に来ていた
お義兄さん

ん？

天井の
風船
すごくない？

うおお！

それから数日間は
ひたすら内職に
勤しんでいた

紙の花
作ったり

無の状態

ここで超カンタン！
ベビーシャワーの華
ダイパーケーキを
紹介するよ！

必要なもの

- キッチンペーパーの芯
- おむつ約30~35個
- 輪ゴム
- ビニール紐
- フリルとかレースとか（デコレーション用）

①まずおむつを巻物のように
丸め、両端を輪ゴムで止める。
くるくる
きゅっ
②キッチンペーパーの芯を中心に
丸めたおむつを集める
それを紐でしっかり固定する
芯
台
キュッと
強めに縛る
③それを二段〜三段重ねにして
デコレーションすれば、
出来上がり！
BABY GIRL
IT'S A GIRL!
てっぺんに
アヒルキャプテンを
乗っけてみた
見た目が可愛いし
解体したらおむつとして
再利用できるしで、
とても実用的なケーキなのだ
1時間で
できたー
パーティー当日！
パーティー会場は
Brio（ブリオ）というレストラン
義兄さん
パーティィルーム
でかい！　素敵！
お客さんが来る前に
飾り付けを始め
BABY
GIRL
これ貼ってこ
母

こんにちは〜
BABY GIRL
らっしゃーい
パーティー開始！
姉の友人一同
トマトビスクのスープとチキンのサルティン・ボッカでございます
ん〜このスープトマトソースみたいでおいしい！
サルティン・ボッカは私の知る限り具材をハムかベーコンで巻いた料理のはずなんだけど…
ベーコンの肉片を散らばせている
はぐ
おいしかったらなんでも良きかな！
よくわからないけどきっとアメリカ風なのでしょう
底にあるペースト状のバターナッツカボチャから始め

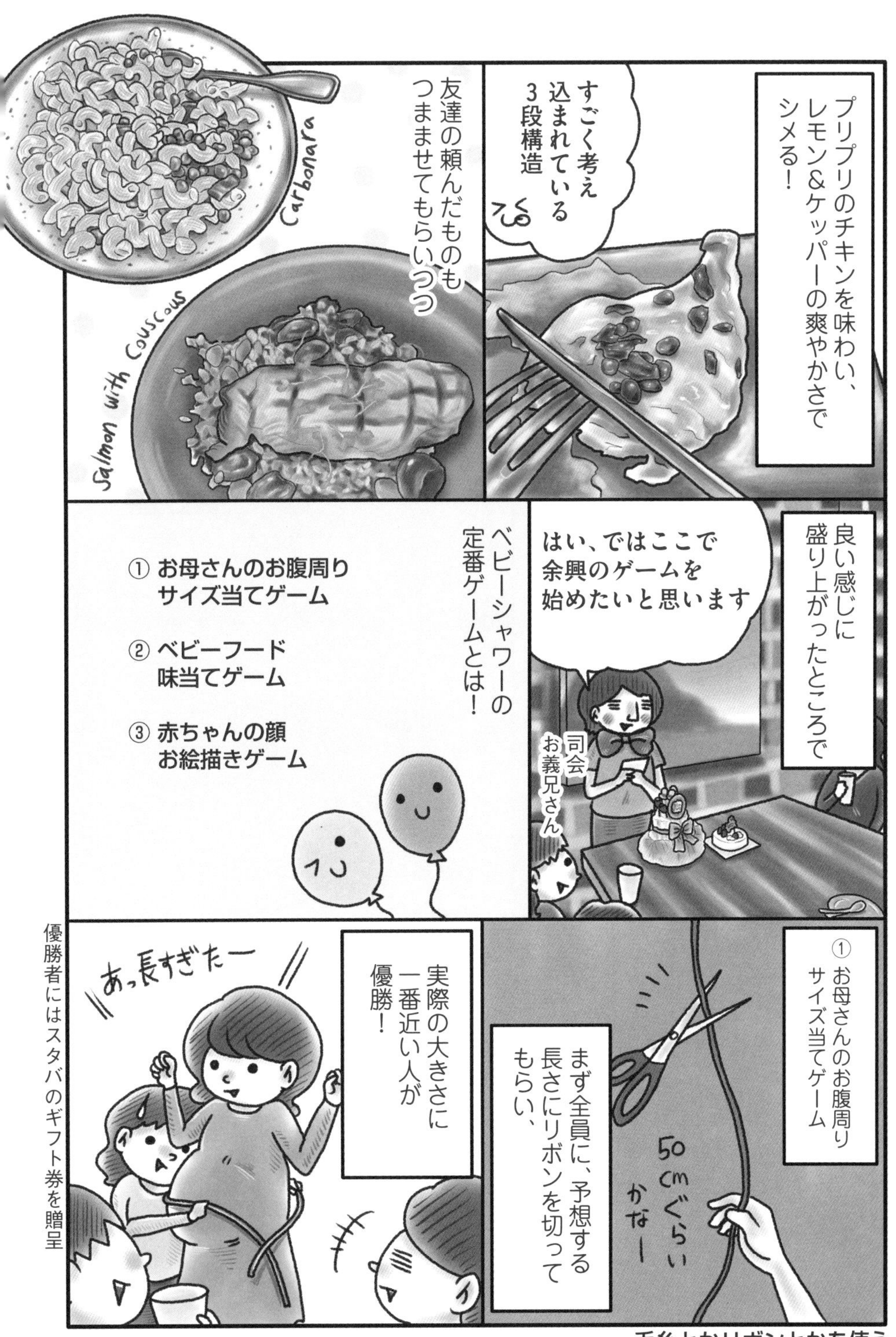
Carbonara
プリプリのチキンを味わい、レモン&ケッパーの爽やかさでシメる!
すごく考え込まれている3段構造
Salmon with Couscous
友達の頼んだものもつまませてもらいつつ
良い感じに盛り上がったところで
はい、ではここで余興のゲームを始めたいと思います
司会お義兄さん
ベビーシャワーの定番ゲームとは!
① お母さんのお腹周りサイズ当てゲーム
② ベビーフード味当てゲーム
③ 赤ちゃんの顔お絵描きゲーム
① お母さんのお腹周りサイズ当てゲーム
まず全員に、予想する長さにリボンを切ってもらい、
50cmぐらいかなー
実際の大きさに一番近い人が優勝!
あっ長すぎたー
優勝者にはスタバのギフト券を贈呈
毛糸とかリボンとかを使う

誰か代わりにやってみてね！

はい では次は
お絵描きゲームに
移りたいと…
コンコン
ハロー
あと30分で
パーティールームの
ご利用時間が終了です
何ィーーッ
制限時間が2時間半だった
よっしゃー
じゃあもう
ケーキ食べて
写真撮影しよう！
あわ
あわ
あわ
時間配分って
大事だなと
思いました
ちなみにお絵描きゲームは
紙皿を額の高さに掲げて
赤ちゃんの顔を
描いていくゲームだよ！
一番上手く描けた人が
優勝！
かき かき
その夜
っはー！
終わった〜！
水
タマちゃんありがとう〜
すごい楽しかったよ！
えっ
そうかい
そうかい？
準備に色々手間取ったけど
私の力で大事な人を
笑顔にできて結果オーライ
というか
オムツ
パーティーも
たまには悪く
ないカナ…？
ウフフ
今日のお会計
パーティー用メニュー
1人あたま
$24×9人＝$216
チップ（20%）：$43.20
合計：$259.20
コミュ力の向上
☆☆☆☆☆

Episode.17 California Fish Grill

カルフォルニア フィッシュ グリル

LAにフィッシュグリルは数あれど、ここは私の行きつけのお店に行ってみようと思います！
CA FISH GRILL
「フィッシュグリルのお店」とは
その名の通り「焼き魚」をはじめ、ポキや揚げ魚、フィッシュタコスなどいろんなジャンルが愉しめる魚料理専門店のことなのだ
ちなみに
CA FISH GRILL
あーごめんもうちょっと脇に寄って～
私はお店の背景などの資料写真を撮る時なんとなく気恥ずかしくて友達を撮るフリをして撮っているのだが
ハーイいいよー
（舞台裏）持つべきものは友！
結構な頻度で誰かがノッてくれるのが面白い
（ズーム）

壁一面の
すごくでかい
プロパガンダ

（魚をもっと食え）

ジュー
ジュー

レジからは
魚を焼いてる
店員さんたちが
チラ見できて

期待値
上がる〜!

えーご
えーご
えーご

読者のみんなのために
お知らせしましょう!

＜魚の名前一覧＞

Red Snapper タイ
Rockfish　メバル
Saury　サンマ
Mackerel サバ
Salmon　サーモン（そのまま）
Tuna　ツナ（マグロ）
Sea Bass　スズキ
Spanish Mackerel サワラ
Swordfish　太刀魚
Flounder カレイ
Trout　マス

同じ魚でもこれら以外の名称で
呼ばれてたりもするよ!

ソースバー
Creole Remoulade
Home Tartar Sauce
Ranch
Home Cocktail Sauce
これこれ!!
注文してから
ごはんが
出てくるまでの
楽しみは
魚の網みたい!
見てー
照明かわいい!
おー
魚用のソースだけで
6〜7種類はある
最高!
後で「どのソースが一番
私のメニューに合うか
決定選手権」するわ
ソース大好き
お、おう
友
ごはん来た!
ヴヴヴ…
これがアメリカの
フィッシュだ!
Brussel sprouts
芽キャベツのロースト
メバルのグリルセット
Grilled Rockfish
Fish Tacos set
フィッシュタコスセット

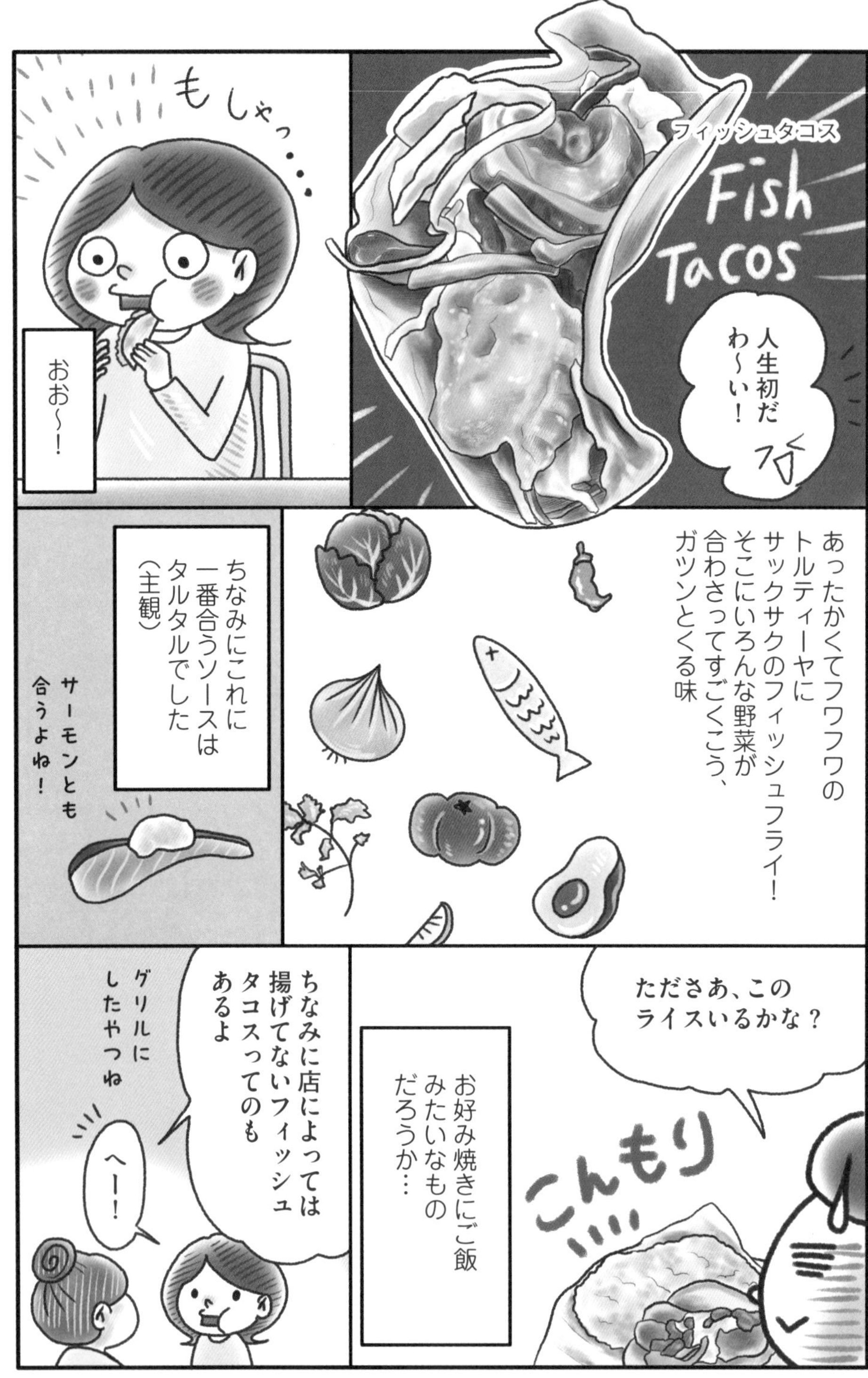
もしゃっ…
おお～！
フィッシュタコス
Fish Tacos
人生初だわ～い！
あったかくてフワフワのトルティーヤにサックサクのフィッシュフライ！そこにいろんな野菜が合わさってすごくこう、ガツンとくる味
ちなみにこれに一番合うソースはタルタルでした（主観）
サーモンとも合うよね！
ただ、さあ、このライスいるかな？
こんもり
お好み焼きにご飯みたいなものだろうか…
ちなみに店によっては揚げてないフィッシュタコスってのもあるよ
グリルにしたやつね
へー！

芽キャベツのロースト
フィッシュ全然関係ないやん！
えっ好きだから…
ダメ？
正直これは身悶えするほどうまかった！
芽キャベツの炒め具合がサイコー！柔らかすぎず固すぎず！
ふおお！
甘さ、しょっぱさ、苦味が一度に全部味わえる!?
甘じょっぱいバルサミックビネガーと、芽キャベツの焦げ目の苦味だね
あとこれ！底にソースが染み込んでて濃い〜味！
ちなみにこのソースは「Balsamic Glaze（バルサミックグレーズ）」というらしくバルサミックビネガーを砂糖で数分煮詰めたものらしい
CHS
CANE SUGAR
どうりで甘いわけだ！
でもビネガー本来のしょっぱさもちゃんと生きててかつチーズやプチトマトで飽きがこない塩梅になってる！
つまり最高！

面倒を嫌うだけじゃ…（担当より）

普段ズッキーニとかあんまり食べないんだけど
外側は歯ごたえがあって中は柔らかい！
そしてそびえ立つポテトの山…
ゴゴゴゴゴ
これを…どう片せば…!?
Potato
結論：意外となんとかなりました
友達と30分ぐらいダベってたらなくなった☆
フィッシュタコスおいしかった〜！芽キャベツも〜！あと魚…
Potato
Potato
Potato
ポテトのせいでメバルの味が記憶にない!!
「おいしかった」ということだけは覚えてるんですが…
今回のお会計は！
メバルのグリル定食:$11.99
芽キャベツの炒め物:$3.95
フィッシュタコス定食:$8.25
Tax: $2.30
合計：＄26.49
ポテトの罪深さ☆☆☆☆☆

LAから車で約1時間半ぐらいの
距離にある、Solvang（ソルバング）という街に、
ぶらり一人旅してきた！
移民でやってきた古のデンマーク人が
興した村で、風車もあり、ベーカリーもたくさんありの、
カラフルでかわいい村なのだ。

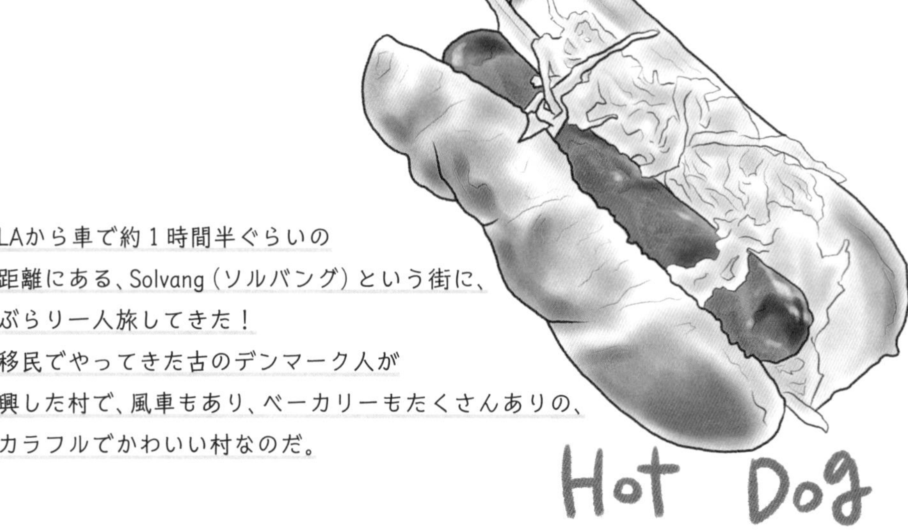

そしてここはワイナリーがあるので、
ホテルによっては、併設されている
レストランでワインのテイスティングが
無料で楽しめる！
私、普段お酒まったく飲まないのに、
勢いでテイスティングして
好きな白ワインができちゃった！
それからでした。
私がワインに目覚めたのは…。

& Wine

Episode.18 Farmer's Market（ファーマーズ マーケット）

ガチで2年ぶりぐらい

発見してしまった柑橘系と思しきフルーツ

おう坊主！
これ１個
食ってけ！

ありがとう
ございます！

この素敵な
お店に決めた…！

ダッ

単純

わ～
すごい品揃え！

果物の他に
ドライフルーツや
ジャムなども売ってる
お店だった

いろんな試食箱が
あるので試食を
しつつ

りんごがフレッシュ
なしがシャクシャク～

そしてさっきの
デーツ（ナツメ）が
気になってたので

こちら
くださ～い

Jujube
date

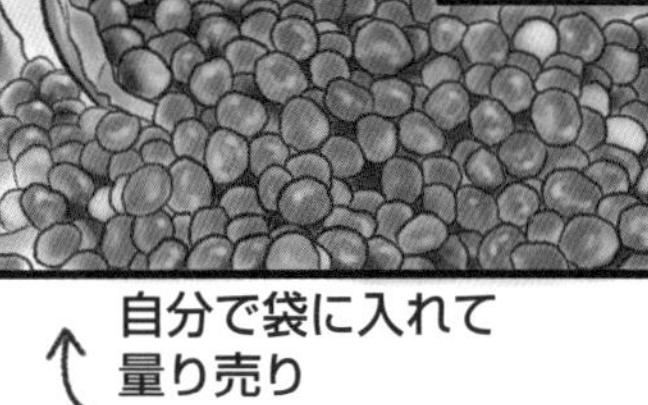

ジュジュベは甘みの強い
りんごみたいだし
マジョールデーツは
干し柿そっくり！

個人的
秋のイチオシ
果実です

Jujube Dates
（ジュジュベデーツ）

ぷっくり

Medjool Dates
（マジョールデーツ）

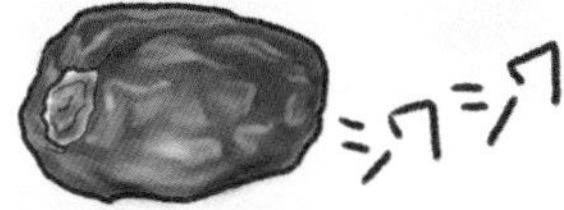

注：トルティーヤにチーズ、肉、

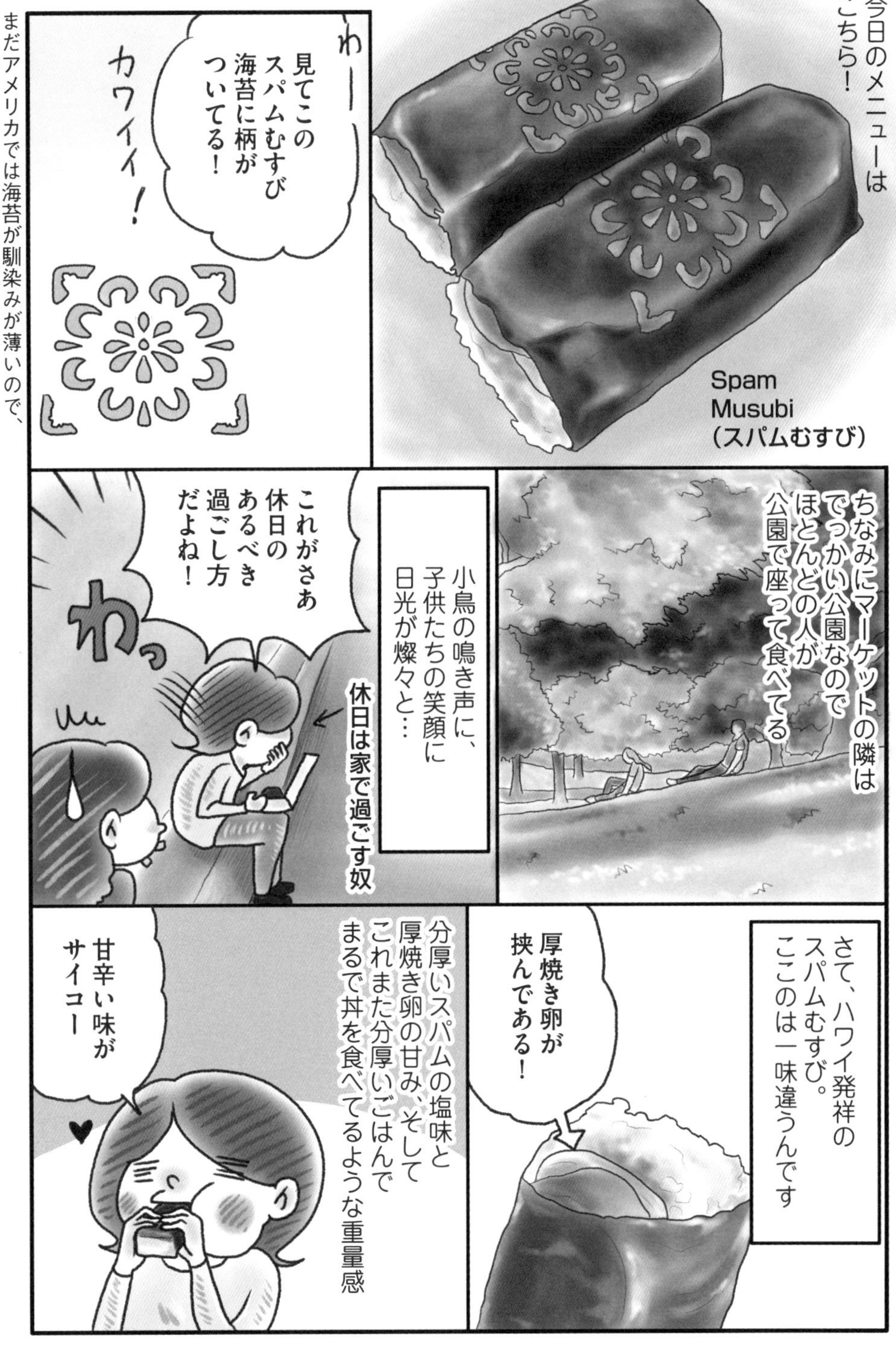
今日のメニューはこちら！
Spam Musubi（スパムむすび）
わーーカワイイ！
見てこのスパムむすび海苔に柄がついてる！
まだアメリカでは海苔が馴染みが薄いので、興味を持ってもらうための工夫かな？
ちなみにマーケットの隣はでっかい公園なのでほとんどの人が公園で座って食べてる
小鳥の鳴き声に、子供たちの笑顔に日光が燦々と…
これがさぁ休日のあるべき過ごし方だよね！
わっ
休日は家で過ごす奴
さて、ハワイ発祥のスパムむすび。ここのは一味違うんです
厚焼き卵が挟んである！
分厚いスパムの塩味と厚焼き卵の甘み、そしてこれまた分厚いごはんでまるで丼を食べてるような重量感
甘辛い味がサイコー

お次は野菜のケサディーヤ
これまたすごいボリューム
本来は手で持って食べるものだが、具が多すぎてこぼれるので
ナイフとフォークで食べるか…
ポロポロ
ほうれん草かと思ったけど、これケールなんだね
ケールといえばジュースな奴
食感が同じ！
炒めたケール、卵、マッシュルーム、チーズが入ってて、出来立てのほかほか。
トルティーヤに集合！
健康的な優しい味だよ～
さっきの親子グッジョブ！
そして最後は！
こんなでかいカリフォルニアロール初めて！
SOY SAU
3歳児の拳ぐらいある
おっ
ちゃんとガリ&ワサビもついてるね
さすが日本人の大将！
シャリも酢飯の塩梅が絶妙でおいしい～

カニカマ、卵、アボカドと柔らかめの具材に、レタスときゅうりでシャキシャキ感を＋（プラス）
甘めだけど野菜のおかげで後味はあっさりだね
うわっ
大きすぎて半分に割ったら具が爆発した
溢れ出るレタス
ギッチギチに詰めてありました
おいしかった〜次はどうする？
え、デザートしかなくない？
だね！
即答
なのでクレープ屋さんに寄ってみる
チョコクレープ一つください
あいよ〜
Cash only
お金はそこのシルクハットに入れてね
防犯意識とは!?
$5
ヌッテラクレープ

※ヘーゼルナッツをベースにしたチョコ味のペースト。べらぼうに美味い

恋人にあげるのかな？ ステキ！

デーツ量り売り：$2.90（$4.99/lb）

スパムむすび2個：$8

ケサディーヤ：$9

カリフォルニアロール：$12

合計：$31.90

アメリカらしさ！☆☆☆☆☆

エンドレスで自家製ジュースを試飲させてくれたおばちゃん

あとがき

私は、おいしいものとスイーツが大大大好きだ！

どうもこんにちは。こちらの「おいしいアメリカ」はいかがだったでしょうか。以前アメリカの高校生活を題材にしたコミックエッセイを出版させて頂いた後、私は漠然と思っていました。「もし次に出すなら、グルメ漫画がいいなぁ～」と。

中学生の頃に父の転勤でアメリカに来て以来約15年、学生の頃はアメリカのごはんなんてせいぜいハンバーガー、ピザぐらいなものだったのですが、大人になって視野が広がるにつれ、アメリカならではの「おいしい」を発見する毎日でして。

それに気づけるのが嬉しいというか。この楽しさ、おいしさを色んな人と分かち合いたい！　と思いました。

へえー、アメリカってこんなのがあるんだ！　おいしそう！　と思って頂けたら嬉しいです。

でも美食の国である日本で、アメリカの食レポマンガを出した所で読者の皆さんに楽しんで貰えるのか？　なんだこの芋臭いアメリカ料理は！　こっちは3食寿司で、すき焼きザマスよ！　とか言われるんじゃないか。

という葛藤もありましたが、そのうち開き直りまして。
置かれた場所で、美食の花を咲かせるしかないではないか。てやんでい、ジャパンが
なんぼのもんじゃい。こっちはボリューム&インパクトで勝負のアメリカンやぞ！ と。

という訳で（どんな訳だ）、私なりのおいしいアメリカを色々詰め込みましたので、少し
でも楽しんで頂けますと幸いです。
本当はもっと色々なおいしいアメリカを入れたかったのですが（NY旅行に行った時の
とか、ラスベガス旅行とか）、いかんせんキリがないので割愛しました…。あとは、読者の
皆さんに委ねます（託すスタイル）。

仕事もしながらのノロノロ運転で進めていたので、ありえないほどの時間をかけても
なんとか完成できたのは、ひとえに担当さん、素敵な表紙を作って下さったデザイナー
さん、レストランの皆さん、応援してくれた大事な家族と友達、そしてこの本を手に
取ってくれたあなたのおかげです。
担当さん。いつぞやは原稿に行き詰まって、「ステーキのおいしさを表現するにはな
んて書けば良いでしょうか」などとたわけた事を聞いてしまってすいませんでした…。

皆さんもいつかアメリカにいらっしゃったら、きっと私が食べたことのないおいしい
出会いがあることでしょう。その時は、きっとお知らせ下さいね。
それでは皆さん、どうぞお元気で。レッツ美食！

芽衣田珠子

おいしいアメリカ

コミックエッセイの森

2024年5月21日　初版第1刷発行

著者

芽衣田珠子

発行人

永田和泉

発行所

株式会社イースト・プレス

〒101-0051
東京都千代田区神田神保町2-4-7
久月神田ビル
Tel 03-5213-4700｜Fax 03-5213-4701
https://www.eastpress.co.jp/

印刷所

中央精版印刷株式会社

装丁

小沼宏之
［Gibbon］

本作品の情報は、2018年～2023年12月時点（取材時）のものです。
情報が変更している場合がございますのでご了承ください。

ISBN: 978-4-7816-2316-0 C0095